Mosaik

Italienische Gemüseküche

Mit Aquarellen von Irmtrud Stier
und begleitenden Texten von Heike Pressler

Mosaik Verlag

Bildnachweis
Fotos: Armin Faber, Düsseldorf, S. 155;
Mosaik Archiv: Michael Brauner: S. 10, 14, 21, 22, 27, 28, 33, 39, 41, 44, 50, 61, 66,
76, 80, 93, 94, 102, 115, 119, 123, 125, 135, 138, 142, 148, 150, 151/
Ulrich Kerth: S. 56, 75, 112

Der Mosaik Verlag ist ein Unternehmen der Verlagsgruppe Bertelsmann

© 1996 Mosaik Verlag GmbH, München / 5 4 3 2 1
Redaktion: Heike Pressler, München
Umschlaggestaltung: Petra Dorkenwald, München
Layout: Peter Pleischl, München
Desktop Publishing: Peter Pleischl, München
Reproduktionen: Artilitho, Trento
Druck und Bindung: Egedsa, Sabadell
Printed in Spain
ISBN 3-576-10638-3

Inhalt

Die Rezepte sind, falls nicht eigens vermerkt, für 4 Personen berechnet.

Vorspeisen
und kleine Gerichte

Um es gleich vorwegzuschicken, ich bin ein absoluter Vor-
speisenfan. Und ich versichere Ihnen, wenn Sie die Rezepte in
diesem Kapitel ausprobiert haben, teilen Sie meine Meinung,
da ein paar Vorspeisen zusammen problemlos jedes Hauptgericht ersetzen können. Wenn ich eine größere Anzahl von
Freunden zum Essen erwarte, baue ich am liebsten ein üppiges,
italienisches Vorspeisenbuffet auf. Die meisten Gerichte dafür
lassen sich gut schon ein paar Tage vorher zubereiten, und so
kann ich mich dann völlig streßfrei meinen Gästen widmen.
Aber auch wenn ich nur für ein oder zwei Personen koche, so
eine kleine Vorspeise vorweg macht das ganze Essen einfach
 interessanter.

Diese Zwiebeln mache ich schon deshalb so gern, weil man sie auf Vorrat zubereiten kann. Und ein paar davon gehören eigentlich auf jeden gemischten Vorspeistenteller. Verwenden Sie unbedingt ein gutes kaltgepreßtes Olivenöl (achten Sie auf den Zusatz »extra vergine« auf dem Etikett). Kühl und dunkel aufbewahrt halten sich die Zwiebeln 3 bis 4 Wochen. Angebrochene Gläser sollten Sie innerhalb von 2 Wochen verbrauchen.

Eingemachte Zwiebeln

CIPOLLE SOTT'ACETO

1,5 kg kleine Schalotten
5 Knoblauchzehen
750 g Eiertomaten
1 Thymianzweig
¹/₈ l Olivenöl
1 EL getrocknetes Basilikum
3 Lorbeerblätter
1 TL Korianderkörner
¹/₄ l Weißweinessig
frisch gepreßter Saft von 1 Zitrone
80 g Zucker
Salz
1 TL weiße Pfefferkörner
1 Bund Petersilie

Die Zwiebeln schälen und das Wurzelende etwas abschneiden. 4 Zwiebeln fein hacken, die anderen Zwiebeln beiseite stellen. Die Knoblauchzehen schälen.

Die Tomaten am Stielansatz kreuzförmig einschneiden, blanchieren und häuten. Den Stielansatz entfernen und das Fruchtfleisch in Scheiben schneiden. Thymian waschen und mit Küchenpapier trockentupfen. Das Öl in einer Pfanne erhitzen und die Zwiebeln goldgelb anbraten. Den Knoblauch und die Tomaten zufügen, alles gut vermischen und kurz andünsten. Basilikum, Thymian, Lorbeerblätter und Koriander untermischen und bei schwacher Hitze etwa 20 bis 30 Minuten garen.

Die Masse durch ein Sieb in einen Topf streichen. Die restlichen Zwiebeln, Weinessig, Zitronensaft, Zucker, Salz und Pfefferkörner zufügen und alles gut mischen.

Bei schwacher Hitze zugedeckt etwa 20 Minuten garen. In der Zwischenzeit die Petersilie waschen, die Blättchen abzupfen und trockentupfen. Die Petersilie zufügen und den Sud und die Zwiebeln noch heiß in Gläser füllen und verschließen.

Scharfe Senffrüchte

MOSTARDA DI FRUTTA

ca. 1,2 kg Gemüse und Früchte
(weißer und grüner Blumenkohl,
Romanesco, Fenchel, Staudensellerie,
Schalotten oder Perlzwiebelchen,
Cornichons, Möhren, Zucchini, Kürbis, Birnen)

Für den Sirup:
1 Wasser
3 EL Weißweinessig oder Zitronensaft
250–300 g Zucker

Für den Gewürzsud:
100 ml Weißweinessig oder Wasser
50–100 g helles englisches Senfpulver
1–2 TL Mehl (nach Belieben)
300 ml Weißweinessig
1 TL Senfkörner
1 TL gemahlener Kurkuma (Gelbwurz)
1 TL Pimentkörner (Nelkenpfeffer) oder Wacholderbeeren
2 Lorbeerblätter
1 Stück frischer Ingwer oder Meerrettich

Ein ungemein vielseitiges Rezept: probieren Sie die Senffrüchte mal zum Aperitif, mal als Beilage zu gekochtem Fleisch oder kaltem Braten und ein andermal zum Käse. Sie können auch die Zutaten variieren und z. B. einen Teil des Gemüses durch Paprika, Mango oder grüne Tomaten ersetzen. Wichtig ist, daß Sie eher feste Früchte (also nicht zu reife) wählen, sonst verkochen sie zu stark.

Gemüse putzen, waschen, schaben und in Röschen teilen, Scheiben oder Würfel schneiden.

Für den Sirup Wasser, Essig oder Zitronensaft und Zucker in einem großen Topf aufkochen. Vorbereitetes Gemüse und Früchte portionsweise darin bißfest garen. Mit einer Schaumkelle herausnehmen und in die gut gereinigten Gläser schichten. In ein warmes Wasserbad stellen. Sirup auf 400 ml Flüssigkeit einkochen, dann beiseite stellen und auskühlen lassen.

Essig oder Wasser, Senfpulver und Mehl glattrühren und 10 Minuten stehenlassen. Essig, Gewürze und reduzierten Zuckersirup zusammen aufkochen. Angerührtes Senfpulver unter Rühren in die leicht siedende Flüssigkeit geben.

Die siedend heiße Flüssigkeit über die Gemüse gießen. Die Gläser müssen bis zum Rand gefüllt sein. Dann sofort verschließen. Im Wasserbad erhitzen und knapp vor dem Siedepunkt (bei 80 Grad) ca. 10 Minuten ziehen lassen (Zeit erst berechnen, wenn Bläschen im Glas aufsteigen). Gläser aus dem Wasserbad nehmen und zugedeckt langsam auskühlen lassen.

Ich werden nie vergessen, wie ich vor vielen Jahren mal völlig naiv einen italienischen Kellner fragte, wieso denn Büffel Milch geben (irgendwie hatte ich mir diese Tiere immer nur männlich vorgestellt). Na ja, er klärte mich dann auf, daß es schließlich auch weibliche Büffel geben müsse. »Bufala« bekommen Sie nur in großen Supermärkten und Feinkostgeschäften; leider wird er auch zunehmend von der billigeren, aber auch geschmackloseren Mozzarella aus Kuhmilch (»fiordilatte«) verdrängt.

Tomaten mit Mozzarella und Basilikum

INSALATA CAPRESE

4 vollreife Fleischtomaten
250 g Mozzarella
2 Bund Basilikum
4 EL Olivenöl
1 TL Aceto Balsamico
Salz
Pfeffer aus der Mühle

Die Tomaten waschen, die Stielansätze entfernen. Tomaten und Mozzarella in dicke Scheiben schneiden. Das Basilikum waschen, trockenschwenken und die Blättchen von den Stielen zupfen. Abwechselnd Tomaten- und Mozzarellascheiben im Kreisrund auf eine Platte legen. Dazwischen jeweils ein Basilikumblatt geben. Das Öl mit Balsamico und etwas Salz verschlagen und darüberträufeln. Zum Schluß mit Pfeffer bestreuen. Dazu schmeckt frisches Stangenweißbrot.

Tomaten-Fenchel-Salat

INSALATA DI FINOCCHI E POMODORI

700 g vollreife Tomaten
2 kleine Fenchelknollen
2 Knoblauchzehen
1 Bund Dill
5 EL Olivenöl
2 EL Rotweinessig
Salz
1 Prise Zucker
Pfeffer aus der Mühle
1/2 TL mittelscharfer Senf

Fenchel ist ein typisch italienisches Gemüse, von dem die Blattstiele und die Knolle fein geraspelt häufig roh als Salat zubereitet werden. Früher reichte man gern rohen Fenchel nach dem Essen, doch ist dieser Brauch nur noch in manchen Gegenden der Toskana lebendig. Man unterscheidet zwischen dem großen Bologneser Fenchel (»finocchio grosso«) und den kleineren Florentiner Sorten (»finocchio nostrale«), wobei letztere nur gekocht gegessen werden. Neben Gemüsen läßt sich Fenchel auch sehr gut mit Früchten wie Äpfeln oder Orangen kombinieren.

Tomaten waschen, Stielansätze herausschneiden und die Früchte in Scheiben schneiden. Die Fenchel putzen, waschen und den Strunk keilförmig herausschneiden. Längs in dünne Scheiben schneiden. Mit den Tomaten abwechselnd auf einer großen Platte anrichten. Knoblauch abziehen, in dünne Scheibchen schneiden und auf dem Gemüse verteilen. Dill waschen und abzupfen.
Öl mit Essig, Salz, Zucker, Pfeffer und Senf zu einer Marinade verquirlen und über den Salat träufeln. Dill darüberstreuen.

Die großen Olivenproduzenten Italiens haben ihren Sitz in Apulien, Kalabrien und Sizilien. Das Öl im Norden des Landes ist milder, allerdings gedeihen dort nur Oliven, wo die Winter nicht zu kalt sind – an der Küste Liguriens und am Golf von Triest, in der Emilia-Romagna und um den Gardasee. Das beste Olivenöl kommt jedoch aus der Toskana, der Region im Herzen des Landes, wo der Ölbaum ideale Bedingungen vorfindet. Klima und Bodenbeschaffenheit variieren hier stark. Das ist die Ursache für die Vielzahl verschiedener toskanischer Olivenöle, von denen die berühmtesten aber zweifelsohne aus dem Chiantigebiet zwischen Florenz und Siena stammen.

Löwenzahnsalat römische Art

PUNTARELLE ALLA ROMANA

**500 g Puntarelle, junger
Löwenzahn oder Feldsalat
1 Knoblauchzehe
2 Sardellenfilets
4 EL Olivenöl
1 TL Zitronensaft
frisch gemahlener Pfeffer
Salz**

Die Salatpflänzchen von welken Blättern befreien, Wurzeln abschneiden und die Stielansätze einkerben. Gründlich waschen und 30 Minuten in Eiswasser legen.
Knoblauch schälen und hacken. Die Sardellenfilets abspülen, abtrocknen und kleinschneiden. Mit dem Knoblauch im Mörser zu einer Paste zermalmen. Mit Olivenöl aufrühren und mit Zitronensaft, Pfeffer und Salz zu einer Marinade aufschlagen.
Den Salat trockenschleudern und sorgfältig mit der Marinade mischen. Als Imbiß oder Vorspeise servieren. Dazu frisch geröstetes Weißbrot reichen, das mit Knoblauch eingerieben und mit Olivenöl beträufelt wurde.

Salat von gebratenen Zucchini

INSALATA DI ZUCCHINE ARROSTE

**500 g Zucchini
2 Schalotten
3 Knoblauchzehen
4 EL Olivenöl
Saft von 1 Zitrone
Salz, Pfeffer**

Zucchini waschen, die Enden entfernen und in markstückdicke Scheiben schneiden. Die Schalotten und 2 Knoblauchzehen schälen und kleinhacken.
Olivenöl in einer Pfanne erhitzen und die Zucchinischeiben von beiden Seiten kurz anbraten. Aus der Pfanne nehmen und auf

Küchenpapier abtropfen lassen. Schalotten und Knoblauch im restlichen Öl ebenfalls kurz andünsten.

Die verbliebene Knoblauchzehe halbieren und eine Salatschüssel damit ausreiben. Angebratene Zucchini, Knoblauch und Schalotten in die Salatschüssel geben und gut mischen.

Den Zitronensaft darübergeben, mit Salz und Peffer abschmecken, nochmals gut umrühren und vor dem Servieren abkühlen lassen.

Salat aus dicken Bohnen

INSALATA DI FAVE

**2 kg frische dicke Bohnen
(Sau- oder Puffbohnen)
Salz
5 EL Olivenöl
1 EL Weinessig
Salz
Pfeffer aus der Mühle
2 Knoblauchzehen
1 Handvoll Minzeblätter**

Die Bohnen aus der Hülse streifen (palen). In leicht gesalzenem, erhitztem Wasser bei geringer Hitze 30 Minuten gar ziehen, dann abgießen und gut abtropfen lassen.

Öl, Essig, Salz und Pfeffer zu einer Marinade verrühren. Die Knoblauchzehen schälen und sehr fein hacken. Die Minzeblätter waschen, abtropfen lassen, dann in feine Streifen schneiden.

Die Bohnen mit der Marinade, Knoblauch und Minze gut vermischen und 1 Stunde durchziehen lassen.

Das beste Ergebnis beim Öl erzielt man mit handgepflückten Oliven, eine Methode, die in der Toskana wegen des hügeligen Geländes ohnehin sehr oft angewendet wird. Die so geernteten Oliven werden in Säcken zur »frantoio«, der Ölmühle, gebracht und mit Mahlsteinen zu einem dicken Brei zerquetscht. Diese Masse wird auf Matten gestrichen und kaltgepreßt. In der Toskana schätzt man besonders das ganz junge Öl mit seiner grünlichen Farbe und seinem kräftigen Geschmack.

*D**ieses Rezept läßt sich gut variieren. Nehmen Sie einmal statt der Oliven 2 Eßlöffel Kapern und 2 kleingehackte Schalotten und mischen sie am Ende in den Sud. Und wenn Sie vielleicht nicht so ein Brokkolifreund sind – Blumenkohl geht genauso gut; etwas farbiger wird es dann mit einer Prise Safran im Sud.*

Antipasto mit Brokkoli

ANTIPASTO DI BROCCOLI

ca. 1 kg Brokkoli und Romanesco

Für den Sud:
$^1\!/_4$ l trockener Weißwein
Saft von $^1\!/_2$ Zitrone
3–4 Lorbeerblätter
1 kleiner Zweig Thymian
2 Knoblauchzehen
Salz
Pfeffer aus der Mühle
2–3 EL Olivenöl
1 Handvoll schwarze, entsteinte Oliven

Brokkoli und Romanesco putzen, in Röschen teilen. Strunk schälen und in Scheiben schneiden.

Für den Sud Wein, Zitronensaft, Lorbeer, Thymian und die ganzen Knoblauchzehen aufkochen. 10 Minuten bei kleiner Hitze ziehen lassen. Gemüse beigeben und darin 5 bis 8 Minuten zugedeckt garen. Oder auf ein Sieb legen und im Dampf garen. Herausnehmen und zugedeckt warm stellen.

Den Sud auf 5 Eßlöffel einkochen lassen. Mit Salz, Pfeffer und Öl abschmecken. Über das noch warme Gemüse geben. Oliven halbieren und daruntermischen. Kurz durchziehen lassen. Noch lauwarm servieren.

Gemischter Vorspeisenteller

ANTIPASTI ASSORTITI

2 kleine Auberginen (je ca. 200 g)
6 EL Olivenöl
4 Knoblauchzehen
5 EL Tomatenmark
100 ml Rotwein
Salz
Pfeffer aus der Mühle
1 Bund Petersilie, fein gehackt
80 g Salami in dünnen Scheiben
100 g schwarze Oliven

Je nach Lust und Laune gebe ich auf diesen gemischten Vorspeisenteller auch noch ein paar Scheiben angebratene Zucchini oder in Streifen geschnittene, gedünstete Paprika. Statt der Salami nehme ich manchmal auch »coppa« — ein gepökelter Schinken, meist recht gut durchwachsen mit pikantem Geschmack.

Die Auberginen waschen, vom Stengelansatz befreien und in Würfel von 1 cm Kantenlänge schneiden. Das Olivenöl in einer breiten Pfanne erhitzen. Die Auberginenwürfel darin kräftig anbraten und immer wieder umrühren. Die geschälten Knoblauchzehen dazupressen und das Tomatenmark unterrühren. Den Rotwein zugießen, salzen und pfeffern und 10 Minuten bei geringer Hitze schmoren.
Zum Schluß die Petersilie unterheben. Das Gemüse in eine Schüssel füllen und 5 Minuten abkühlen lassen. Die Salamischeiben und die Oliven auf vier Teller verteilen. Die Auberginen danebensetzen.

Wenn Sie Sorge haben, daß Ihnen Geflügelleber schwer im Magen liegen könnte, bereiten Sie diesen Salat einfach mit Hähnchenbrust zu. Hähnchenfleisch auf beiden Seiten scharf anbraten, mit Salz, Pfeffer, Paprika und Thymian würzen. Zugedeckt 10 Minuten stehenlassen. Dann schräg aufschneiden und auf dem Salat anrichten.

Spinatsalat mit Geflügelleber

INSALATA DI SPINACI E FEGATINI

Für den Salat:
150 g Wurzelspinat
100 g gebleichter Löwenzahn
100 g Champignons
1 TL Zitronensaft

Für die Sauce:
2 hartgekochte Eier
1 TL Dijonsenf
1 EL Zitronensaft
3–4 EL Maiskeimöl
Salz
Pfeffer aus der Mühle
ca. 400 g Geflügelleber
(z.B. vom Truthahn oder Huhn)
$^{1}/_{2}$ EL Butterschmalz
1 EL Rotweinessig oder Aceto Balsamico
1 EL Cognac
1 EL Schnittlauchröllchen

Spinat und Löwenzahn putzen, grobe Stiele entfernen und gründlich waschen. Champignons putzen, blättrig schneiden und sofort mit Zitronensaft beträufeln.

Für die Sauce hartgekochte Eier pellen und halbieren. Eigelbe herauslösen und durch ein Sieb streichen. Mit Senf und Zitronensaft verrühren. Öl nach und nach dazugießen, salzen und pfeffern. Spinat, Löwenzahn und Champignons mit ca. 1 Eßlöffel Sauce vermischen und ziehen lassen.

Geflügelleber in Eiswasser spülen, putzen, trockentupfen, dann in ca. $^{1}/_{2}$ cm dicke Scheiben schneiden. Im mittelheißen Fett auf beiden Seiten je 1 Minute anbraten, salzen und pfeffern. Herausnehmen und zugedeckt warm stellen. Das Bratfett abgießen und den Bratenfond mit Essig und Cognac loskochen.

Den Salat auf vier Teller verteilen. Die Leber darauf anrichten und mit Bratensaft beträufeln. Feingehacktes Eiweiß und Schnittlauchröllchen darüberstreuen. Die restliche Salatsauce separat dazu servieren.

Champignonsalat mit getrockneten Tomaten

INSALATA DI FUNGHI CON POMODORI SECCHI

75 g getrocknete Tomaten (pomodori secchi)
250 g Champignons
2 Schalotten
2 EL Olivenöl
(in dem die pomodori secchi eingelegt waren)
Pfeffer aus der Mühle
Salz
$^1/_2$ TL getrockneter Thymian
einige Rosmarinnadeln
2 EL Aceto Balsamico

Die in Olivenöl eingelegten pomodori secchi auf einem Sieb abtropfen lassen. Die Champignons putzen, kurz unter fließendem Wasser waschen oder mit Küchenpapier sorgfältig abwischen und in nicht zu dünne Scheiben schneiden. Die Schalotten schälen und fein hacken.

Von dem Olivenöl, in dem die Tomaten eingelegt waren, 2 Eßlöffel abnehmen, in einer Pfanne erhitzen und die Schalotten darin hellbraun anbraten. Die Champignonscheiben zugeben und so lange mitbraten, bis alle Flüssigkeit verkocht ist. Die Pilze mit Pfeffer übermahlen, mit Salz, Thymian und Rosmarin würzen.

Die Champignons samt dem Bratfett in eine Schüssel geben, mit den in Stücke geschnittenen pomodori secchi mischen und Essig darüberträufeln. Mindestens 2 Stunden zugedeckt durchziehen lassen.

Getrocknete, eingelegte Tomaten (pomodori secchi) finden Sie in italienischen Spezialgeschäften. Nachdem sie bei uns ziemlich teuer sind, kaufen Sie doch einmal, wenn Sie wieder in Italien sind, getrocknete Tomaten und legen sie zu Hause selbst ein. Einfach in ein Schraubglas füllen, entweder 1 frische, kleingeschnittene Pfefferschote oder 1 bis 2 zerriebene Peperoncini (je nach Größe des Glases), getrockneten Thymian und einige Rosmarinnadeln dazugeben und mit Olivenöl gut bedecken. Lassen Sie die Tomaten mindestens 2 Wochen marinieren. Angebrochene Gläser in den Kühlschrank stellen.

Rom wird mir immer als besonders gastfreundliche Stadt in Erinnerung bleiben. Als ich vor vielen Jahren das erste Mal dort war (zu der Zeit, als Aldo Moro gerade ermordet worden war, und ich meinen Eltern vorsichtshalber sagte, ich würde nach Florenz fahren und nicht nach Rom), hatte ich mich irgendwie ziemlich mit meinem Geld verschätzt. Kurz und gut, ich rechnete mir aus, die letzten drei Tage nur noch Obst essen zu können. Ja, und dann traf ich einen netten Römer (ganz ohne Hintergedanken), dem ich mit meinem Obst leid tat und der mich mit nach Hause zu seiner Familie nahm, damit ich römische Küche und häusliches Leben kennenlernen konnte.

Spargelsalat »Roma«

INSALATA DI ASPARAGI

500 g weißer Spargel
Salz
$^{1}/_{2}$ TL Zucker
10 g Butter
6 kleine Artischockenherzen, in Öl eingelegt
4 vollreife Tomaten
4 Frühlingszwiebeln
Saft von 1 Zitrone
5 EL Olivenöl
einige Blätter Zitronenmelisse
Pfeffer aus der Mühle

Den Spargel schälen und in reichlich kochendem Wasser mit Salz, Zucker und Butter in 15 bis 20 Minuten bißfest kochen.

Die Artischockenherzen aus dem Öl nehmen, abtropfen lassen und halbieren. Die Tomaten waschen, die Stielansätze entfernen und in Achtel schneiden. Die gewaschenen Frühlingszwiebeln mit einem Teil des Grüns in Ringe schneiden. Die gegarten, abgetropften Spargelstangen in 4 cm lange Stücke schneiden und mit den übrigen Zutaten vermischen.

Zitronensaft, Salz und Öl zu einer Marinade verrühren und über die Salatzutaten gießen. Gründlich mischen und mit feingeschnittenen Melisseblättern und frisch gemahlenem Pfeffer bestreuen.

In Rom existiert nicht in dem Maße eine Tradition lokaler Gerichte wie beispielsweise in Mailand oder Florenz. Wichtig war immer schon eine gewisse Opulenz des Speisens, war doch gerade der Vatikan den weltlichen Freuden des Essens nie abgeneigt. Aus aller Welt wurden die besten Küchenchefs hierher geholt, und das erklärt den unterschiedlichen Charakter der Rezepte. Allen gemeinsam ist aber, daß frisches Gemüse aus lokalem Anbau die Hauptrolle einnimmt — schließlich ist die vulkanische Umgebung rund um Rom dafür prädestiniert.

Je nach Region kommt dieses beliebte Gericht ganz unterschiedlich auf den Tisch. Häufig werden Sie es auch als sättigenden Hauptgang finden, dann nämlich, wenn zu den verschiedenen Gemüsesorten noch Fleisch- und Leberstücke kommen, die ebenfalls in Teig ausgebacken werden, gekrönt von fritierten Apfelringen und süßen Grießnocken.

Ausgebackene Gemüse

FRITTO MISTO

Für den Teig:
300 g Mehl
Salz
400 ml trockener Weißwein oder helles Bier
1 EL Öl

Für das Gemüse:
je 250 g Brokkoli, Romanesco
oder Cimone und Blumenkohl
Salzwasser
250 g breite Bohnen
250 g Egerlinge oder Austernpilze
1 Eiweiß
Öl zum Fritieren

Mehl mit Salz, Weißwein oder Bier und Öl zu einem glatten Teig verrühren. Zugedeckt bei Zimmertemperatur ca. 1 Stunde quellen lassen. Inzwischen die Gemüse vorbereiten: Brokkoli, Romanesco oder Cimone und Blumenkohl in Röschen zerteilen. Bohnen entfädeln. Dann beide Gemüse kurz in siedendem Salzwasser über brühen. Herausnehmen, kalt abschrecken und gut abtropfen lassen.

Pilze putzen, nur wenn nötig waschen und Stiele neu anschneiden. Mit Salz bestreuen und ca. 10 Minuten ziehen lassen. Dann abbrausen und mit Küchenpapier trockentupfen. Eiweiß steifschlagen und sorgfältig unter den Ausbackteig heben. Fritieröl in einer Friteuse auf 180 Grad erhitzen. Gemüse mit einer Gabel durch den Ausbackteig ziehen. Portionsweise im heißen Öl goldgelb backen. Auf Küchenpapier etwas abtropfen lassen.
Für 4 bis 6 Personen

Kürbissalat

INSALATA DI ZUCCA

ca. 500 g Kürbis
4–6 kleine feste Zucchini (ca. 400 g)
$1/8$ l Salzwasser
3 EL Olivenöl
1 Zitronenscheibe
1 Lorbeerblatt

Für die Sauce:
Pfeffer aus der Mühle
2–3 EL Zitronensaft
4–5 EL Olivenöl
1 Zweiglein Zitronenmelisse

Kürbis schälen, entkernen und in feine Scheiben schneiden. Zucchini waschen und ebenfalls fein schneiden.
Salzwasser, Olivenöl, Zitronenscheibe und Lorbeerblatt aufkochen. Gemüse portionsweise darin bißfest garen (oder auf dem Siebeinsatz dämpfen). Herausnehmen und abgetropft auf einer Platte anrichten. Kochflüssigkeit bis auf 2 Eßlöffel einkochen.
Für die Sauce die Kochflüssigkeit, Pfeffer, Zitronensaft und Öl zusammen verrühren. Über das Gemüse verteilen und zugedeckt ziehen lassen. Vor dem Servieren abgezupfte Zitronenmelisseblättchen darüberstreuen und nach Belieben mit in Butter gerösteten Kürbiskernen bestreuen.

Mantua trägt nicht nur den Kürbis im Wahrzeichen, hier wachsen auch die besten gelben Kürbisse. Kein Wunder, daß auch die Küche Mantuas mit ausgefallenen, kreativen Rezepten diesem Gemüse Tribut zollt. Hier finden Sie üppige, mit Kürbis gefüllte Tortelli, Pasta und Risotto mit gedünstetem Kürbis oder nebenstehenden Salat. Übrigens lohnt sich ein Abstecher nach Mantua nicht nur wegen der Küche. Die Stadt, Geburtsort des berühmten Dichters Vergil, mit ihren wunderbaren Renaissancepalästen lädt durchaus zum Verweilen ein, und es ist jammerschade, daß man sie häufig nur als Autobahnausfahrt auf der Strecke Verona–Modena wahrnimmt.

*D*ie gratinierten Kräuter-
tomaten schmecken auch
lauwarm oder kalt gut und sollten auf einem Vorspeisenbuffet
nicht fehlen. Genauso können
Sie sie aber auch als Beilage zu
kurzgebratenem Fleisch oder
Geflügel reichen.

Gratinierte Kräutertomaten

POMODORI GRATINATI ALLE ERBE

4 große Fleischtomaten (ca. 750 g)
4 Knoblauchzehen
2 Bund Petersilie
4 EL Semmelbrösel
1 Eigelb
3 EL Olivenöl
Salz
Pfeffer aus der Mühle
je 1 TL Thymian und
Oregano, frisch oder getrocknet

Die Tomaten waschen und in der Mitte quer durch-
schneiden.
Die geschälten Knoblauchzehen durch die Presse
in eine Schüssel drücken. Petersilie waschen, fein
hacken und zusammen mit den Semmelbröseln zufügen. Das Eigelb und das Olivenöl unterrühren, so
daß eine homogene Masse entsteht. Falls nötig, noch
etwas mehr Öl zufügen. Mit Salz und Pfeffer, Thymian und Oregano kräftig abschmecken und gleichmäßig auf den Tomatenhälften verteilen.
Die Tomaten in eine flache Auflaufform setzen und
im vorgeheizten Backofen bei 220 Grad 15 bis 20 Minuten gratinieren.

Ausgebackene Auberginenscheiben

MELANZANE FRITTE

4 längliche, junge Auberginen (ca. 700 g)
Salz
100 g Mehl
$^1/_4$ l Weißwein
2 EL Olivenöl
1 Eiweiß
Olivenöl zum Ausbacken
Saft von 1 Zitrone

Die Auberginen in Scheiben schneiden. Auf einen Teller legen, leicht salzen und mit einem zweiten Teller zudecken. 30 Minuten ziehen lassen.

Inzwischen Mehl und Salz in eine Schüssel geben, den Wein und das Olivenöl hinzufügen und alles mit einem Schneebesen glattrühren. Das Eiweiß zu sehr steifem Eischnee schlagen und unter den Teig ziehen.

Das bittere Wasser von den Auberginenschalen abgießen und das Gemüse mit Küchenpapier gut trockentupfen. In einer hochwandigen Pfanne reichlich Olivenöl erhitzen. Die Auberginenscheiben in den Teig tauchen und von beiden Seiten in dem Öl goldbraun backen. Mit einem Schaumlöffel herausheben und auf dem Küchenpapier abtropfen lassen. Mit Zitronensaft beträufeln und sofort servieren.

*E*s ist ein Irrglaube, daß Olivenöl nicht zum Kochen oder Backen verwendet werden sollte. Zum Fritieren ist Olivenöl ebenfalls schon allein deswegen geeignet, weil der Punkt, an dem es zu rauchen beginnt, mit 210 bis 230 Grad höher liegt als bei anderen Ölen und Butter. Achten Sie unbedingt darauf, daß das Öl beim Fritieren nicht heißer als 180 Grad wird und verwenden Sie es nicht zu oft (maximal viermal).

Passiert es Ihnen auch immer wieder, daß am Nachmittag im Büro Freunde anrufen und sich auf einen kleinen Sprung (und maximal ein Glas Wein) für den Abend einladen? Dann fängt das Kopfzerbrechen an, nur Wein ist ja auch nichts, außerdem haben Sie selbst schließlich Hunger. Für solche Fälle ist diese unkomplizierte Vorspeise gerade richtig. Kaufen Sie beim Heimweg ein paar Zucchini, ein

großes Stück Parmesan (den brauchen Sie ohnehin, wenn es vielleicht noch Spaghetti im Anschluß geben soll) und frisches Weißbrot – und schon wird der Abend ein Erfolg.

Schnelle Zucchinivorspeise

ANTIPASTO DI ZUCCHINE

700 g Zucchini
2 Schalotten
2 EL Olivenöl
Salz, Pfeffer aus der Mühle
Parmesan am Stück

Die Zucchini waschen und abtrocknen, Blüten- und Stielansatz entfernen und in etwas dickere Scheiben schneiden. Die Schalotten schälen und klein hacken.
Olivenöl in einer Pfanne erhitzen und die Schalotten darin glasig andünsten. Zucchini hinzufügen und unter ständigem Umrühren goldgelb anbraten. Mit Salz und frisch gemahlenem Pfeffer würzen. Die Zucchini auf eine Platte geben und Parmesankäse darüberhobeln. Warm servieren.

Weiße Bohnen mit Kräutern

FAGIOLI BIANCHI ALLE ERBE

200 g getrocknete weiße Bohnenkerne
1 Zwiebel
1 Möhre
1 Stange Bleichsellerie
Salz
1 Knoblauchzehe
3 EL Olivenöl
1 EL Weißweinessig
Pfeffer aus der Mühle
1/2 Bund Schnittlauch
1 Handvoll Kerbel
1 Handvoll Petersilie
1 Handvoll Pimpinelle
1 Tomatenpaprika

Die Bohnenkerne über Nacht einweichen. Am nächsten Tag in reichlich kaltem Wasser mit der halben geschälten Zwiebel, der gewürfelten Möhre und der grob zerkleinerten Selleriestange erhitzen und dann bei geringer Hitze garen. Erst zum Schluß salzen, dann abgießen und gut abtropfen lassen.

Die geschälte Knoblauchzehe mit etwas Salz zerreiben. Dann mit Öl, Essig und Pfeffer zu einer Marinade aufschlagen. Schnittlauch in Röllchen schneiden. Kerbel- und Petersilienblättchen fein, Pimpinelle grob hacken. Tomatenpaprika entkernen und das Fruchtfleisch in Würfel schneiden. Die restliche halbe Zwiebel fein schneiden.

Zwiebelhälfte, Karotten- und Selleriestücke aus den abgetropften Bohnen entfernen. Die Bohnen mit den Kräutern, den Paprika- und Zwiebelwürfeln und der Marinade mischen. 1 Stunde durchziehen lassen, dabei ab und zu wenden.

Artischocken römische Art

CARCIOFI ALLA ROMANA

4 große, fleischige Artischocken
Saft von 2 Zitronen
3 Knoblauchzehen
$^1/_2$ Bund Petersilie
$^1/_2$ Bund frischer Minze
Salz, Pfeffer aus der Mühle
6 EL Öl

Die trockenen Blätter der Artischocken sowie die harten Spitzen der übrigen Blätter mit einem rostfreien Messer oder einer Schere abschneiden. Den Stiel etwas kürzen. Die Artischocken sofort in kaltes Zitronenwasser legen. Nacheinander die Artischocken herausnehmen, abtrocknen und die Blätter etwas lockern, so daß kleine Höhlungen entstehen. Die Knoblauchzehen grob hacken, die Kräuter nicht zu fein wiegen.

Eine Mischung von Knoblauch und Kräutern in die Höhlungen der Artischocken drücken, außen mit Salz und Pfeffer einreiben. Das Öl erhitzen, die Artischocken mit dem Stiel nach oben hineinlegen und mit so viel Wasser begießen, daß sie halb bedeckt sind. Den Topf zudecken und die Artischocken je nach Alter des Gemüses in 20 bis 50 Minuten weich dünsten.

Die Artischocken herausnehmen, mit dem Kochwasser übergießen und warm oder kalt servieren. Anstelle des Wassers kann man Weißwein zum Schmoren verwenden.

*W*enn Sie einmal in den Wintermonaten auf Sardinien sind, werden Ihnen bestimmt die silbergrünen Artischockenfelder auffallen. Die Artischockenpflanze ist eine 2 Meter hohe distelartige Staude mit dekorativer Blüte. Der

als Gemüse genutzte Teil entwickelt sich an Achsen aus der Blattrosette heraus, an deren Ende Blütenköpfe stehen. Die blaugrünen sardischen Artischocken sind die einzigen, die roh ebenso gut schmecken wie gekocht.

25

Bagna cauda bedeutet heißes Bad und bezieht sich auf die Sardellensauce, die auf einem Rechaud warm gehalten werden muß. Im Piemont ist es Brauch, am Ende in der restlichen Sauce einige Eier zu verschlagen. Dieses Gericht ist eine gesellige Vorspeise und für eine größere Runde ideal.

Gemüsefondue piemontesische Art

BAGNA CAUDA

Für die Olivensauce:
200 g schwarze, entsteinte Oliven
$^{1}/_{8}$ l Olivenöl
1 Sardellenfilet
Pfeffer aus der Mühle

Für die Sardellensauce:
1 kleine Schalotte
3 Knoblauchzehen
1 EL Weißweinessig
$^{1}/_{4}$ l Olivenöl
75–100 g Butter
100 g Sardellenfilet

Für das Gemüse:
ca. 1 $^{1}/_{2}$ kg gartenfrisches Gemüse:
z.B. Blumenkohl, Cimone, Brokkoli, Romanesco,
Staudensellerie, Fenchel, Lauch, Möhren,
Radieschen, Zucchini, Tomaten etc.
Salzwasser

Die Oliven sehr fein hacken oder im elektrischen Zerkleinerer pürieren. Dann Öl unter Rühren dazugießen. Sardellenfilet fein hacken und beigeben. Diese Sauce wird kalt serviert.

Gehackte Schalotte, gepreßten Knoblauch, Essig, Öl und Butter in einem feuerfesten Töpfchen langsam erwärmen. Sardellenfilets fein hacken, beigeben und unter Rühren bei kleiner Hitze erwärmen. Die Sauce darf auf keinen Fall zu stark erhitzt werden. Warm servieren.

Gemüse waschen und je nach Sorte in mundgerechte Stücke schneiden und in siedendem Salzwasser bißfest garen. Mit kaltem Wasser abschrecken und gut abtropfen lassen. Gemüse auf einer großen Platte anrichten und mit den beiden Saucen servieren.
Für 6 bis 8 Personen

Marinierte Zucchini

ZUCCHINE MARINATE

500 g kleine Zucchini
2 Knoblauchzehen
1 rote Chilischote
Olivenöl
Aceto Balsamico
Pfeffer
Salz

Die Zucchini waschen, Blütenansätze und Stielenden entfernen und in dünne Scheiben schneiden. Auf Küchenpapier abtropfen lassen. Die Knoblauchzehen schälen und in Scheiben schneiden. Die Chilischote in dünne Ringe schneiden (Kerne nach Belieben entfernen).

Reichlich Olivenöl in einer Pfanne erhitzen und die Zucchinischeiben darin portionsweise auf beiden Seiten goldgelb anbraten. Auf Küchenpapier entfetten.

Mit Balsamico beträufeln und mit Knoblauch und Chili bestreuen. Würzen und zum Schluß mit etwas Olivenöl übergießen.

Das Gemüse mit einer Platte abdecken und diese mit einem Gewicht beschweren. Im Kühlschrank mindestens 24 Stunden marinieren lassen. Die marinierten Zucchini mindestens 2 Stunden vor dem Servieren aus dem Kühlschrank nehmen.

Aceto Balsamico wird aus dem gekochten, konzentrierten Most von Trebbiano-Trauben hergestellt. Er muß in zwölf Fässern aus verschiedenen Holzsorten altern (mindestens zehn, manchmal mehr als fünfzig Jahre) und gewinnt dadurch seine wunderbar goldbraune Farbe und sein ausdrucksvolles, süßsäuerliches Aroma. Besonders berühmt ist der Aceto Balsamico aus der Provinz Modena und aus Teilen der Provinz Reggio. Verwenden Sie diesen Essig für Salate, zum Einlegen und Marinieren und zum Verfeinern von Saucen.

Eine italienische Frittata hat mehr Ähnlichkeit mit einer spanischen Tortilla als mit dem gewohnten Omelett. Sie sollte außen goldbraun, innen aber noch feucht sein. Die Frittate können außer Eiern, Käse, Zwiebeln, Wurst, Schinken oder Gemüse enthalten. Auf diese Weise lassen sich Reste ausgesprochen schmackhaft verwerten.

Omelett

FRITTATA

ca. 150 g Brokkoli

1 kleine Möhre

Salz

2 EL Olivenöl

50 g Butter

Pfeffer aus der Mühle

Muskat

1 Knoblauchzehe

6–8 Eier

2 EL geriebener Käse

Brokkoli in sehr kleine Röschen teilen. Möhre schälen, in Stifte schneiden. Gemüse in siedendem Salzwasser kurz überbrühen. Herausnehmen, kalt abschrecken und gut abtropfen lassen.
Öl und Butter in einer beschichteten Bratpfanne erhitzen. Gemüse darin andünsten, mit wenig Salz, Pfeffer, Muskat und gepreßtem Knoblauch würzen. Eier verquirlen und über das Gemüse gießen. Bei mittlerer Hitze stocken lassen. Sobald die Frittata unten goldgelb gebräunt ist, mit Hilfe eines Deckels oder eines Tellers wenden. Auf der anderen Seite nur noch leicht braten. Geriebenen Käse darüberstreuen.

Zucchini-Spinat-Omelett

FRITTATA DI ZUCCHINE E SPINACI

500 g junger Blattspinat
4 kleine Zucchini
2 Schalotten
1 Bund Petersilie
6 Basilikumblättchen
2 Salbeiblättchen
6 Eier
Salz, Pfeffer
Olivenöl

Dieses Omelett schmeckt sehr lecker lauwarm oder kalt zum Aperitif. Sie können die Frittata auch, wenn die Eier zu stocken beginnen, kurz in den Backofengrill stellen, bis die Oberfläche fest ist. Für 2 Personen ergibt das Omelett zusammen mit einem gemischten Salat und etwas Weißbrot ein leichtes Abendessen.

Den Spinat sorgfältig säubern und mehrmals in kaltem Wasser waschen. Die Blätter tropfnaß in eine Kasserolle geben, eventuell mit etwas Butter, und zugedeckt bei mittlerer Hitze dünsten, bis die Spinatblätter zusammenfallen. Anschließend den Spinat herausnehmen, abkühlen lassen, gut ausdrücken und kleinhacken.

Die Zucchini waschen, Blüten- und Stielansätze entfernen und die Zucchini in dünne Scheiben schneiden. Die Schalotten schälen und kleinhacken, Kräuter waschen, die groben Stiele der Petersilie entfernen und alles kleinhacken. Die Eier in einer großen Schüssel verquirlen, Zucchini, Spinat, Schalotten und Kräuter hinzufügen und alles gut vermischen. Mit Salz und Pfeffer abschmecken.

In einer großen Pfanne genügend Öl erhitzen, den Gemüseteig hineingeben und so lange rühren, bis die Eiermasse zu stocken beginnt. Pfanne zudecken und das Omelett bei geringer Hitze fertig backen. Die Pfanne immer wieder schütteln, damit das Omelett nicht anbäckt. Die Oberseite sollte noch etwas feucht sein.

Auf einer Platte anrichten und vor dem Servieren in vier gleichgroße Dreiecke teilen.

Suppen, Saucen und Eintöpfe

Im Italienischen unterscheidet man bei Suppen drei Begriffe:
»minestra« ist der Oberbegriff und meint genaugenommen
jeglichen ersten Gang – egal ob Nudeln oder Suppe; »zuppa«
ist eine dicke Suppe, die über geröstetes Brot gelöffelt wird und
die berühmte »minestrone« kommt je nach Region und Saison
mit den verschiedensten Gemüsesorten und einer Einlage aus
Reis oder Nudeln auf den Tisch. In Italien serviert man Suppen in der Regel anstelle eines Pastagerichts. Das soll uns aber
nicht hindern, eine Tomatensuppe als Vorspeise und ganz nach
Lust und Laune auch mal eine kräftige Gemüsesuppe als Hauptgericht zu reichen.

Spargel wurde schon von den Römern sehr geschätzt, und die damaligen Anbaumethoden, die bis heute unverändert geblieben sind, werden in den Schriften Catos dokumentiert. Spargel ist nicht nur wegen seiner wenigen Kalorien wertvolle Diabetikerkost, er regt auch allgemein den Stoffwechsel an und reinigt den Körper. Deswegen sollten Sie auf jeden Fall die Spargelsaison nutzen; die einzige Einschränkung: bei hohen Harnsäurewerten im Blut nicht zuviel Spargel essen.

Italienische Spargelsuppe

ZUPPA DI ASPARAGI ALL'ITALIANA

500 g Bruchspargel
Salz
1 l Wasser
40 g Butter
$\frac{1}{2}$ TL Zucker
$\frac{1}{8}$ l Sahne
2 große Fleischtomaten
10–12 Basilikumblätter
Pfeffer aus der Mühle
1 EL Zitronensaft

Den Spargel schälen und holzige Teile entfernen. Schale und Abschnitte im Salzwasser etwa 15 Minuten kochen lassen. Das Kochwasser durch ein Sieb geben und auffangen. Den geputzten Spargel in Stücke schneiden und in der erhitzten Butter anbraten. Mit Zucker bestreuen und mit Spargelbrühe und Sahne aufgießen. Zugedeckt 15 bis 20 Minuten bei schwacher Hitze kochen.

Die Tomaten häuten und ohne Stengelansätze und Kerne in kleine Würfel schneiden. Die Basilikumblätter in feine Streifen schneiden.

Die Spargelspitzen aus der Brühe nehmen und aufbewahren, die restliche Suppe mit einem Pürierstab oder im Mixer pürieren. Mit Salz, frisch gemahlenem Pfeffer und Zitronensaft abschmecken und auf vier Suppentellern verteilen. Die Spargelspitzen hineingeben und mit Tomatenwürfeln und Basilikumstreifen bestreuen.

Gemüsesuppe mit Brokkoli

MINESTRONE CON BROCCOLI

500 g Brokkoli
500 g dicke Bohnen
4 feste Tomaten
50 g Speckwürfel
1 Knoblauchzehe
1 EL Butterschmalz
1 EL Tomatenmark
ca.1 $^1\!/_2$ l Fleischbrühe
300 g feine Spaghetti oder
kleine Makkaroni
Salz
Pfeffer aus der Mühle
Thymian
geriebener Parmesan

Brokkoli in Röschen zerteilen, Strunk schälen und in Scheiben schneiden. Dicke Bohnen auspalen. Tomaten kurz überbrühen, kalt abschrecken, enthäuten und vierteln.

Speckwürfel und gepreßten Knoblauch in mittelheißem Butterschmalz glasig dünsten. Tomatenmark zufügen und kurz mitdünsten. Brokkoli und dicke Bohnen zufügen, mit Brühe aufgießen. Suppe zugedeckt ca. 20 Minuten leise köcheln lassen.

Spaghetti (in kleine Stücke brechen) oder Makkaroni und Tomaten in die Suppe geben. Sobald die Nudeln bißfest gegart sind, Suppe würzen und mit geriebenem Käse und frischem Weißbrot servieren.

Die bekannte dicke italienische Gemüsesuppe kommt in vielen Varianten auf den Tisch. Stellen Sie ruhig das Gemüse nach der jeweiligen Saison zusammen. Ob die Einlage aus Reis oder Nudeln besteht, bleibt Ihrem Geschmack überlassen. Wichtig ist aber, daß die Suppe mindestens 2 Stunden bei ganz kleiner Hitze köchelt. So behält das Gemüse auf jeden Fall seine Form und verkocht nicht, die Suppe

nimmt aber nach der langen Zeit den Geschmack der ganzen Zutaten so richtig schön auf.

Was wäre eine Minestrone ohne frisch geriebenen Käse? Probieren Sie anstelle von Parmesan auch einmal Pecorino. Es gibt unzählige Arten von Pecorino, je nachdem in welchem Mischverhältnis Kuh-, Ziegen- und Schafsmilch verwendet werden. Durch die verschiedenen Herstellungsmethoden und die unterschiedliche Reifedauer reicht die Palette von ganz frischem, weichem Käse über milde Tafelkäse bis hin zu würzigem Hartkäse, den Sie hier verwenden sollten.

Gemüsesuppe

MINESTRONE

$^1/_2$ **Sellerieknolle**
200 g Staudensellerie
200 g Weißkohl
2 Möhren
200 g grüne Bohnen
1 Stange Porree
2 mittelgroße Kartoffeln
1 große Zwiebel
4 Knoblauchzehen
3 EL Olivenöl
1$^1/_4$ l Gemüsebrühe
Pfeffer aus der Mühle
2 Tassen fast gar gekochter Reis
einige Rosmarinnadeln
3 Salbeiblätter
1 Zweig Thymian
1 Bund Kerbel
100 g frisch geriebener Pecorino

Die Sellerieknolle schälen, waschen und in dünne Scheiben, dann in Streifen schneiden. Den Staudensellerie waschen und in Stücke schneiden, die Blätter beiseite legen. Den Weißkohl fein hobeln, waschen und abtropfen lassen. Die Möhren schälen und in Scheibchen schneiden. Die grünen Bohnen waschen, wenn nötig abfädeln und in 3 cm lange Stücke brechen. Den Porree putzen, halbieren, die Hälften waschen und in 1 cm breite Streifen schneiden. Die Kartoffeln schälen, waschen und würfeln. Zwiebeln und Knoblauch schälen und fein hacken.

Olivenöl in einem Topf erhitzen, die Zwiebel darin glasig werden lassen, Knoblauch, Weißkohl, Möhren und Bohnen zugeben, unter Rühren 5 Minuten braten. Porree und Kartoffelwürfel ebenfalls zugeben, kurz anbraten und die Gemüsebrühe angießen. Suppe 15 Minu-

ten kochen lassen.Mit Pfeffer würzen und den Reis einrühren, weitere 5 Minuten kochen. Rosmarinnadeln hacken. Die übrigen Kräuter waschen und fein hacken. In die Minestrone rühren.
Die Suppe in einer Terrine oder gleich auf vier tiefen Tellern anrichten und den Käse darüberstreuen.

Gemüsesuppe Mailänder Art

MINESTRONE ALLA MILANESE

4 kleine Zucchini
3 kleine Kartoffeln
150 g grüne Bohnen
1 Schalotte
1–2 Knoblauchzehen, 50 g Speck
1 Bund Petersilie
8 frische Basilikumblättchen
2 EL Butter
1 l Rinder- oder Gemüsebrühe
Salz, Pfeffer, 3 EL Reis
frisch geriebener Parmesan

Blüten- und Stielansätze der Zucchini entfernen, die Früchte waschen und in kleine Würfel schneiden. Kartoffeln waschen, schälen und in ebenso kleine Würfel schneiden. Die Bohnen putzen, Fäden entfernen, Bohnen in Stücke brechen. Zucchini, Kartoffeln und Bohnen noch einmal waschen und in einem Sieb abtropfen lassen.
Schalotte und Knoblauchzehen schälen und fein hacken. Den Speck in kleine Würfel schneiden. Die Petersilie und die Basilikumblättchen waschen. Die groben Stiele der Petersilie entfernen und die Kräuter fein hacken. Die Butter in einem großen Topf zerlassen, Knoblauch, Schalotte und Speck zufügen und kurz anbraten. Das Gemüse hinzufügen und unter ständigem Rühren ebenfalls kurz schmoren lassen.
Die Brühe zugießen und mit Salz und Pfeffer abschmecken. Bei schwacher Hitze etwa 15 Minuten lang kochen lassen. Den Reis hinzufügen und die Suppe so lange kochen, bis der Reis gar ist (ca. 20 Minuten). Dann die Kräuter unterziehen.
Die Gemüsesuppe sofort servieren. Dazu reichlich geriebenen Parmesankäse reichen.

Ein guter Rat vorweg: Hände weg von abgepacktem, geriebenem Parmesan. Ganz gleich, ob Sie Parmesan zum Verzehr oder zum Reiben verwenden wollen, kaufen Sie ihn auf jeden Fall am Stück. Der Oberbegriff für diese Hartkäse lautet »grana«, der berühmteste der »parmigiano reggiano«, wie er vollständig heißt, stammt aus der Provinz Reggio Emilia, der Gegend des ehemaligen Herzogtums von Parma. Der Käse wird bis heute nach einem seit Jahrhunderten bewährten Verfahren in kleinen Käsefabriken hergestellt.

Wörtlich übersetzt bedeutet »ribollita« zweimal gekocht. Und Kenner der italienischen Küche sind davon überzeugt, daß die Suppe erst richtig gut schmeckt, wenn man sie (ohne Öl) in der Terrine erkalten läßt, am anderen Tag nur kurz aufkocht und erst dann mit dem restlichen Öl abschmeckt.

Dicke Gemüsesuppe

RIBOLLITA

600 g frische dicke Bohnen
100 g durchwachsener Speck
1 kleine Zwiebel
3 Knoblauchzehen
1 Möhre
2 Stangen Staudensellerie
$1/8$ l Olivenöl
500 g Stiel- oder Blattmangold
ca. $3/4$ l Gemüsebrühe
frischer Thymian und Rosmarin
Pfeffer aus der Mühle
Salz
ca. 12 Scheiben dünn geschnittenes
Bauernbrot (à ca. 20 g)

Bohnen auspalen und in wenig Wasser zugedeckt weich kochen. Die Hälfte der Bohnen pürieren.
Feingeschnittenen Speck, gehackte Zwiebel, durchgepreßten Knoblauch und gewürfeltes Gemüse (Möhre und Staudensellerie) in 2 Eßlöffeln Olivenöl andünsten.
Stiel- oder Blattmangold verlesen, gründlich waschen und samt Stielen fein schneiden. In den Topf geben und kurz mitdünsten. Mit heißer Brühe aufgießen, aufkochen, mit den kleingehackten Kräutern und mit Salz und Pfeffer würzen. Die Suppe zugedeckt bei geringer Hitze ca. 1 Stunde köcheln lassen.
Die ganzen Bohnen und das Bohnenpüree zur Suppe geben und weitere 10 Minuten köcheln.
Geröstete Brotscheiben in eine Suppenterrine legen. Die heiße Suppe darübergießen, mit dem restlichem Öl beträufeln und sofort servieren. Dazu fein gehackte Zwiebeln oder Knoblauchgras reichen.

Gemüsesuppe mit Polentanocken

MINESTRA DI VERDURE CON GNOCCHETTI DI POLENTA

3 Knoblauchzehen
100 g Möhren
50 g Knollensellerie
100 g grüne Bohnen
100 g Brokkoliröschen
20 g Butter
1¼ l Gemüsebrühe

Für die Nocken:
25 g Butter
1 kleines Ei
30 g Mehl
30 g feiner Maisgrieß
Salz
1 TL Thymianblättchen

Diese Suppe mit einer Einlage aus Polentanocken kann ihre norditalienische Herkunft nicht verleugnen. Friaul, Venetien und die Lombardei sind die Regionen, wo die aus Maisgrieß hergestellte Polenta seit dem 17. Jahrhundert populär ist. Idealerweise kann man die Nocken aus übriggebliebener Polenta zubereiten.

Die Knoblauchzehen schälen und fein hacken. Möhren und Sellerie schälen und in dünne Stifte schneiden. Von den Bohnen die Enden abschneiden und wenn nötig Fäden abziehen. Die Bohnen in Stücke schneiden. Alle Gemüse in der Butter kurz andünsten und die Gemüsebrühe aufgießen. 15 Minuten kochen lassen.

Für die Nocken weiche Butter und Ei mit einer Gabel vermischen, Mehl, Maisgrieß und Salz zugeben und alles zu einem nicht zu weichen Teig verarbeiten. Die Thymianblättchen in den Teig mischen. Teig 10 Minuten quellen lassen.

Sobald die Gemüse gar sind, von dem Teig mit einem Teelöffel kleine Nocken abstechen und in die kochende Suppe geben. 10 Minuten ziehen, aber nicht mehr kochen lassen.

Egal zu welcher Jahreszeit Sie in Rom sind – besuchen Sie unbedingt einen der beiden Großmärkte, die auf dem Campo dei Fiori und auf der Piazza Vittorio Emanuele in der Nähe des Bahnhofs stattfinden. Die farbenfrohe Pracht der geschmackvoll dekorierten Gemüsesorten wird Sie begeistern. Vielleicht stoßen Sie bei Ihren Streifzügen ja auch auf einen der zahlreichen Quartiermärkte, wo die Römerin ihr Gemüse kauft oder sich von der Marktfrau frische Salate und Kräuter zusammenstellen läßt.

Salatsuppe Roma

MINESTRA DI LATTUGA ROMANA

2 Köpfe Romanasalat
Salz
1 Stück unbehandelte Zitronenschale
1 Zwiebel
1 Knoblauchzehe
1 Scheibe Weißbrot
5 EL Milch
$^{1}/_{2}$ Bund Petersilie
3 EL Olivenöl
150 g Hackfleisch
100 g Kalbsbrät
2 cl Grappa
frisch gemahlener Pfeffer
1 Ei
3 EL Parmesan
$1^{1}/_{2}$ l klare Brühe (Extrakt)

Die Salatköpfe waschen, dabei die großen Blätter von den Herzen lösen. Die Blätter in siedendem Salzwasser mit einem Streifen Zitronenschale 5 Minuten blanchieren und abtropfen lassen. Die Salatherzen hacken. Zwiebel und Knoblauch schälen und fein würfeln. Die Brotscheibe entrinden und in Milch einweichen. Die Petersilienblättchen von den Stengeln zupfen und fein wiegen.

Das Öl in einer Pfanne erhitzen. Zwiebel und Knoblauch darin hell andünsten. Hackfleisch und Brät dazugeben und anbraten. Dann mit Grappa, Pfeffer und Salz abschmecken. Sobald die Flüssigkeit verdunstet ist, den gehackten Salat und die Petersilie zugeben und garen.

Die Farce in eine Schüssel geben, etwas auskühlen lassen und mit Ei und Parmesan und dem gut ausgedrückten Weißbrot zu einer Füllung verkneten.

Die abgetropften Salatblätter nebeneinander ausbreiten und jeweils mit etwas Füllung bestreichen. Die Ränder einschlagen und zu kleinen Rouladen wickeln. Mit Küchenschnur zubinden. Die Brühe aufkochen, die Salatwickel einlegen und bei geringer Hitze 15 Minuten köcheln lassen.

Brühe und Salatwickel getrennt servieren. Dazu geriebenen Parmesan und frisch geröstetes Weißbrot reichen.

Wirsingsuppe

MINESTRA DI VERZA

1 Wirsing (ca. 1000 g)
100 g Pancetta oder Schinkenspeck
1 weiße Zwiebel
2 EL Butter
2 l Fleischbrühe (Extrakt)
150 g Reis (Rundkorn)
$^{1}/_{2}$ Bund Petersilie
1 Stück frischer Parmesan
Pfeffer aus der Mühle
Salz

Wenn Sie die Reismenge verdoppeln, haben Sie eine Minestrone. Lassen Sie am Ende noch einige Salsicce darin gar ziehen, dann wird das Ganze zu einer kräftigen Hauptmahlzeit, die besonders gut an kalten Winterabenden schmeckt. Die italienischen Schweinswürstchen schmecken noch pikanter, wenn sie in stark gewürztem Olivenöl eingelegt werden.

Vom Wirsing welke Blätter und Spitzen entfernen. Waschen und das Grün grob, den Strunk hingegen sehr fein hacken. Speck würfeln. Zwiebel schälen und in grobe Würfel schneiden.
In einem großen, gußeisernen Topf die Butter erhitzen, Speck- und Zwiebelwürfel darin glasig dünsten. Wirsing untermischen und anschmoren. Fleischbrühe angießen und 20 Minuten zugedeckt köcheln lassen.
Reis in einem Sieb mit kaltem Wasser abspülen und gut durchschütteln. Zum Wirsing geben und 15 Minuten mitgaren.
Parmesan reiben und in eine Schale füllen. Petersilie waschen, Blätter abzupfen und grob wiegen.
Die Minestra mit Pfeffer und Salz abschmecken, die Hälfte der Petersilie einziehen, den Rest darüberstreuen und die Suppe mit Parmesan servieren.

Nicht alle Wege führen über den Brenner nach Italien, ist doch der Grenzübergang bei Tarvis fast ebenso wichtig. Wenn Sie von dort weiterfahren über Udine an die Adria, machen Sie auf jeden Fall Halt in Triest, das malerisch an den Abhängen des Karstgebirges liegt. Ungefähr 20 Kilometer vor Triest können Sie eine Pause in Duino einlegen, wo Dante einen Teil seines Exils verbrachte und Rainer Maria Rilke seine »Duineser Elegien« verfaßte

Triestiner Kohlsuppe

ZUPPA DI CAVOLO ALLA TRIESTINA

1 Weißkohl (ca. 1000 g)
100 g Rauchfleisch
3 EL Olivenöl
3 EL Kümmel
2 Lorbeerblätter
$^1\!/_2$ l Fleischbrühe (Extrakt)
1 Dose weiße Bohnen (400 g)
2 EL Maismehl
1 Glas trockener Weißwein
Pfeffer aus der Mühle
Salz

Kohl putzen, vierteln, waschen und bis auf den Strunk in grobe Stücke schneiden. Rauchfleisch würfeln.

In einer schweren Kasserolle 1 Eßlöffel Öl erhitzen und die Speckwürfel leicht anbraten. Kohl mit Kümmel und Lorbeer darin kurz andünsten, Fleischbrühe angießen und den Kohl bei geringer Hitze zugedeckt 20 Minuten leicht köcheln lassen.

Bohnen mit der Flüssigkeit aus der Dose unter den Kohl mischen. Maismehl unter den Wein rühren und 5 Minuten quellen lassen. Anschließend aufrühren, unter die Kohlsuppe ziehen und diese weitere 10 Minuten leise köcheln lassen.

Die Suppe mit Pfeffer und Salz abschmecken, restliches Olivenöl unterrühren und heiß servieren.

Für 6 Personen

Kohlsuppe aus dem Aostatal

ZUPPA DI VALPELLINE

1 Weißkohl oder Wirsing (ca. 1000 g)

Salz

1 Stange Weißbrot

400 g Fontina oder Fontal

100 g Butter

1 l Fleischbrühe

Kohlkopf putzen, vierteln, waschen und in Streifen schneiden. Mit Salzwasser bedeckt bei mittlerer Hitze 20 Minuten weich kochen. Weißbrot und Fontina- bzw. Fontalkäse in möglichst dünne Scheiben schneiden.

Einen irdenen Caquelon (Fonduetopf) oder eine Terrine mit Butter einreiben. Auf den Boden die Brotscheiben legen. Darüber kommt eine Schicht abgetropfter Kohl mit Butterflöckchen, dann eine Lage Käse. Und wieder Brot, Kraut, Käse. Den Abschluß bilden Brotscheiben, die mit heißer Brühe übergossen und mit Butterflöckchen besetzt werden.

Im Ofen bei 200 bis 220 Grad ca. 30 Minuten überbacken.

Diese Suppe aus dem Aostatal ist eigentlich schon mehr ein Eintopf. Typische Zutaten sind neben Kohl Weißbrotscheiben (verwenden Sie am besten Schnitten von etwas größerem und trockenerem italienischem Brot) und Fontinana, ein Käse, der hier und im Piemont sehr beliebt zum Kochen ist.

Getrocknete Bohnenkerne galten früher als das Fleisch der Armen und waren in Notzeiten eine der wenigen Möglichkeiten, sich vor den Folgen mangelhafter Ernährung zu schützen. Heute begegnen wir Fleisch ja zunehmend mit mehr Skepsis, so daß Bohnen mit ihrem hohen Nährwert und ihrem Mineralstoff- und Vitamingehalt wieder ein wichtiger Platz in der Küche zukommt. Übrigens haben getrocknete Bohnen etwas mehr Eiweiß als die gleiche Menge Fleisch.

Bohnen-Reis-Suppe

MINESTRA DI RISO E FAGIOLI

**200 g getrocknete Bohnenkerne
(Cannellini oder Borlotti)
100 g Räucherspeck (Pancetta)
1 Zwiebel
2 Möhren
5 EL Olivenöl
200 g Reis
eventuell etwas Hühnerbrühe
100 g Mortadella
Salz
Pfeffer aus der Mühle
Basilikum oder Petersilie**

Die Bohnenkerne über Nacht einweichen. Am nächsten Tag mit 1½ l Wasser aufkochen und bei geringer Hitze 1 gute Stunde köcheln lassen.

Speck, geschälte Zwiebel und gepuzte Möhren fein hacken und in 4 Eßlöffeln Olivenöl anbraten. Unter die Bohnen mischen und weitere 10 Minuten garen.

Den Reis in einem Sieb gut überbrausen und abtropfen lassen. Dann 15 Minuten in der Suppe mitgaren. Eventuell Wasser und Hühnerbrühe nachgießen.

Die Mortadella in Würfel schneiden und im restlichen Öl rundum anbraten. Die Wurstwürfel unter die Suppe mischen, mit Salz und Pfeffer abschmecken und mit gehackten Basilikumblättern oder Petersilie bestreut servieren.

*E*ine weitere Variante dieser vor allem in der Toskana beliebten Suppe. Die vielseitige Hülsenfrucht wird in der dortigen Küche so häufig verwendet, daß die Toskaner den Beinamen »mangiafagioli« (Bohnenesser) bekommen haben. Für die bodenständige Küche der Toskana, die die heimischen Produkte möglichst unverfälscht auf den Tisch bringt, sind Pastagerichte eher untypisch. Hier wird gern nach dem Antipasto eine reichhaltige, kräftige Suppe serviert.

Bohnensuppe

ZUPPA DI FAGIOLI

300 g getrocknete weiße Bohnenkerne
2 Knoblauchzehen
1 Zwiebel
2 Möhren
1 Stange Bleichsellerie
2 Stangen Porree
1 kleine Peperoni
200 g Schinkenspeck
200 g Mangoldblätter
Olivenöl
1 TL Thymian (getrocknet)
Salz
Pfeffer aus der Mühle
frisch geriebener Parmesan

Die Bohnen über Nacht einweichen und dann abgießen.
Knoblauch, Zwiebel und Möhren schälen bzw. putzen. Die Zwiebel in kleine, die Möhren in größere Würfel schneiden. Die Selleriestange und die weißen Teile des Lauchs putzen und in Scheiben schneiden. Die Peperoni im Mörser zerstoßen. Speck würfeln, Mangold putzen, waschen und in gleichmäßig breite Streifen schneiden.

Das Öl in einem großen Suppentopf erhitzen und die Knoblauchzehen mit der kleingeschnittenen Zwiebel, den Möhrenwürfeln, den Sellerie- und den Lauchscheiben darin glasig dünsten. Die Bohnen mit der zerstoßenen Peperoni zugeben, mit Thymian würzen und alles gut durchmischen. Dann mit reichlich Wasser bedecken und unter gelegentlichem Umrühren etwa 1 1/2 Stunden köcheln lassen. Speck und Mangold zugeben und die Suppe weitere 20 Minuten bei geringer Hitze garen.

Mit Salz und Pfeffer abschmecken und auf vier Suppenteller oder -tassen verteilen. Mit geriebenem Parmesan bestreuen und mit Olivenöl beträufeln. Anschließend im vorgeheizten Ofen bei 200 Grad 15 Minuten überbacken und sofort servieren.

Römische Tomatensuppe

ZUPPA DI POMODORO ALLA ROMANA

40 g Reis
Gomasio
2 Zwiebeln
3 Knoblauchzehen
1 kg Eiertomaten
2 EL Olivenöl
Pfeffer aus der Mühle
1 Lorbeerblatt
1 l Gemüsebrühe
4 Blättchen Minze
1/2 Bund Basilikum
1 Zweig Majoran
1 EL frisch geriebener
Parmesan

So richtig gut schmeckt diese Suppe erst mit italienischen Eiertomaten, die es nun mal nur in den Sommermonaten zu kaufen gibt. In der übrigen Zeit weichen Sie am besten auf Dosentomaten aus, die überall preiswert und in guter Qualität angeboten werden. Dann verkürzt sich die Garzeit um 5 bis 10 Minuten.

Den Reis in so viel Wasser zum Kochen bringen, daß er gut bedeckt ist. In etwa 30 Minuten bei sehr schwacher Hitze ausquellen lassen. Mit etwas Gomasio würzen und heiß halten.

Zwiebeln und Knoblauchzehen schälen und fein hacken. Die Tomaten waschen und in Stücke schneiden; dabei die Stielansätze entfernen.

Das Öl in einem Topf erhitzen, die Zwiebeln darin glasig werden lassen. Knoblauch und Tomatenstücke zufügen. Mit Pfeffer würzen, Lorbeerblatt zufügen und die Gemüsebrühe angießen. Die Suppe 15 Minuten kochen lassen, Lorbeerblatt entfernen.

Die Suppe durch ein Sieb in einen sauberen Topf passieren. Wenn nötig, mit etwas Salz und Honig abschmecken. Minze, Basilikum und Majoran waschen, trockenschwenken und fein hacken.

Den heißen Reis in eine vorgewärmte Terrine füllen. Die gehackten Kräuter mit dem geriebenen Parmesan vermischen und über die Suppe streuen.

*T*omaten als wesentlicher Bestandteil italienischer Rezepte sind heute überhaupt nicht wegzudenken. Deswegen ist es eigentlich erstaunlich, daß sie sich, obwohl bereits 1498 Kolumbus von seiner zweiten Amerikareise die Pflanzen mit nach Europa brachte, erst im 18. Jahrhundert in der Küche Italiens durchsetzten. In Neapel fanden die Tomaten ihre Heimat, und die Neapolitaner erkannten schnell die vielseitige Verwend- barkeit dieser neuen Frucht.

Tomatensauce

SALSA DI POMODORO

750 g reife, süße Tomaten
80 g Butter
10–12 große, frische Basilikumblätter
Salz
Pfeffer aus der Mühle

Die Tomaten in kochendem Wasser blanchieren und an- schließend schälen. Das Fruchtfleisch quer zur Blüte in Scheiben und dann in Würfel schneiden, dabei das harte gelbe Mark und die Kerne entfernen.

Die Hälfte der Butter in einer hochwandigen Pfanne erhitzen, die Tomatenstücke hinzufügen und wenige Minuten einkochen las- sen. Die Tomatensauce zum Schluß mit den grobgeschnittenen Basilikumblättern, Salz und Pfeffer abschmecken und die restliche Butter in Flöckchen daruntermischen.

Tomatensauce mit Kräutern

SALSA DI POMODORO CON ERBE

1 mittelgroße Zwiebel
3 Knoblauchzehen
3 EL Olivenöl
600 g Eier- oder Flaschentomaten
1 frisches Lorbeerblatt
1 Msp. Rosmarinnadeln
1/2 TL getrockneter Oregano
1/2 TL getrockneter Thymian
5 cl trockener Sherry
100 ml Fleischbrühe
1 Prise Zucker
Salz
Pfeffer aus der Mühle

Die Zwiebel und den Knoblauch abziehen und fein hacken. Das Öl erhitzen, die Zwiebeln zufügen und glasig dünsten. Den Knoblauch unterrühren und dünsten, bis er hellgelb ist.

Die Tomaten waschen, die Stielansätze herausschneiden, die Früchte in Scheiben schneiden und zu den Zwiebeln geben.

Die Gewürze und Kräuter zufügen, mit Sherry ablöschen und mit Brühe auffüllen. Bei milder Hitze halb zugedeckt 40 Minuten köcheln lassen. Nach 7 Minuten nur das Lorbeerblatt entfernen.

Alles im elektrischen Mixer oder mit dem Pürierstab pürieren und durch ein Sieb streichen. Mit Zucker, Salz und Pfeffer abschmecken.

Machen Sie diese Sauce mit aromatischen Tomaten im Sommer unbedingt gleich auf Vorrat. Ob Pasta, Risotto, Gnocchi, Peperonata oder Pizza – es gibt kaum ein italienisches Gericht, wo Tomaten keine Verwendung finden. Früher kochte man die Sauce ein und bewahrte sie in sterilisierten Gläsern auf, heute ist es üblicher, sie portionsweise in Tiefkühlboxen einzufrieren. In vielen ländlichen Gegenden Italiens ist es immer noch Brauch, einmal im Jahr – im Juli – die »salsa di pomodoro« für das ganze Dorf einzukochen; dieser Vorrat muß dann den Winter über reichen.

Die Sauce läßt sich gut aufbewahren. Luftdicht verschlossen bleibt sie im Kühlschrank circa 2 Wochen frisch. Sie sollte jedoch ständig von einem dünnen Ölfilm bedeckt sein. Pesto paßt nicht nur gut zu Spaghetti; versuchen Sie die Sauce auch einmal zu Gnocchi oder verfeinern Sie bei Tisch die Minestrone mit etwas Pesto. Und auch Mozzarella mit Tomaten, die allseits beliebte sommerliche Vorspeise, verträgt einen Löffel Pesto.

Grüne Sauce

PESTO

150 g junge Spinat- oder Mangoldblätter
2 Bund Basilikum oder glatte Petersilie (ca. 100 g)
3–4 Knoblauchzehen
6 Walnußkerne
1 EL Pinienkerne
1 EL weiche Butter
$^{1}/_{4}$ l kaltgepreßtes Olivenöl
75 g frisch geriebener Parmesan
50 g frisch geriebener Pecorino
grobes Meersalz
Pfeffer aus der Mühle

Spinat- oder Mangoldblätter verlesen, grobe Stiele entfernen und gründlich waschen. Die tropfnassen Blätter bei mittlerer Hitze zugedeckt zusammenfallen und anschließend in einem Sieb gut abtropfen lassen.

Basilikum- oder Petersilienblättchen von den Stengeln zupfen, abbrausen und trockenschleudern. Knoblauchzehen schälen. Gut abgetropften Spinat oder Mangold, Basilikum- oder Petersilienblättchen, Knoblauchzehen, Walnuß- und Pinienkerne mit der weichen Butter in einem Mörser zu einer gleichmäßigen Paste zerstoßen oder mit $^{1}/_{8}$ l Olivenöl im Mixer fein pürieren.

(Restliches) Olivenöl, fein geriebenen Käse und wenig Salz unter die Paste rühren. Mit Pfeffer abschmecken. Vor dem Servieren die Sauce mit 3 bis 4 Eßlöffeln kochend heißem Nudelwasser cremig aufschlagen.

Für ca. 12 Portionen

Gekräutertes Tomatenpüree

PURÈ DI POMODORO ALLE ERBE

2 kg vollreife Tomaten
10 Knoblauchzehen
1 Bund frische Zitronenmelisse
1 Bund Petersilie
10 frische Rosmarinnadeln
1 Bund frischer Thymian
$^1/_2$ l Olivenöl

Die Tomaten überbrühen, kalt abschrecken und häuten. Die Stielansätze entfernen und das Fruchtfleisch in große Würfel schneiden. Die Knoblauchzehen schälen und in Scheiben schneiden. Zusammen mit den Tomatenstücken im eigenen Saft zu Mus einköcheln.

Die Kräuter waschen, trockenschwenken und die Blättchen von den Stielen zupfen. Fein hacken. Unter das abgekühlte Tomatenmus rühren.

Drei Gläser mit Twist-off-Verschluß gut säubern, heiß ausspülen und auf einem Küchentuch abtropfen lassen. Das Tomatenpüree einfüllen, mit reichlich Olivenöl bedecken und sofort verschließen. Kühl und dunkel aufbewahren. Hält sich bis zu 3 Monaten frisch.

Für 3 Gläser à 0,5 Liter

Ich fürchte, Sie werden von diesem Püree, das eine ideale Grundlage für Suppen, Saucen und Pizza abgibt, gar nicht soviel machen können, daß es bis zum nächsten Sommer reicht. Natürlich schmecken gekaufte Fertigprodukte nicht wie selbstgemacht, doch sind wir geplagten Hausfrauen schon sehr froh über die preiswerten Tomatenpulpen in der Dose. Dafür wird vorwiegend die Sorte San Marzano verwendet, die sich leicht schälen läßt. Die Verarbeitung von Tomaten rangiert inzwischen in der italienischen Agrarindustrie mit an erster Stelle.

Dieser deftige Eintopf ist so richtig etwas für die kalte Jahreszeit. Ursprünglich stammt die Spezialität aus Sardinien, wo man, obwohl man ringsherum vom Meer umgeben ist, eher eine Küche mit den Produkten des Inlands schätzt. Die besten Salsicce kommen hierher und schmecken besonders pikant, wenn sie mit Fenchelsamen, Peperoncini, Knoblauch und dem einheimischen, aromatischen Essig gewürzt sind.

Bohneneintopf

FAVATA

300 g getrocknete Cannellini- oder Borlotti-Bohnenkerne
100 g Speck
2 Knoblauchzehen
1 Zweig frischer Rosmarin
1 kleine Peperoni
(frisch oder getrocknet)
Salz
4 Scheiben Pancetta
(gerollter Schweinebauch)
4 Salsicce

Die Bohnenkerne über Nacht einweichen. Am nächsten Tag zweifingerhoch mit kaltem Wasser bedeckt aufkochen.

Inzwischen den Speck würfeln und mit heißem Wasser überbrühen. Den Knoblauch schälen und mit dem Speck, dem Rosmarin und der Peperoni unter die Bohnen geben, vorsichtig salzen und eine Stunde zugedeckt bei geringer Hitze garen.

Wenn die Bohnen gar sind, die Schweinebauchscheiben und die Würste auflegen und unter dem Deckel in etwa 15 Minuten heiß werden lassen. Die Würste mit der Gabel anstechen und auf den Bohnen abtropfen lassen. Dann das Fleisch und die Würste herausnehmen, die Favata gut durchrühren und nochmals aufkochen lassen. Rosmarin und Peperoni entfernen.

Die Bohnen auf eine vorgewärmte Platte geben, Fleisch und Würste darauflegen und im Ofen bei starker Oberhitze oder unter dem Grill 5 Minuten überbacken.

Würziger Gemüsetopf

VERDURE MISTE ALLA NOSTRANA

1 kleiner Blumenkohl
4 kleine Artischocken
$^1/_2$ Zitrone
1 kleine Schmorgurke (Gärtnergurke)
2 Bund Frühlingszwiebeln
100 g kleine Champignons
2 Stangen Staudensellerie
1 kleine, frische Knoblauchknolle
$^1/_8$ l Olivenöl
2 kleine Zweige Thymian
1 Stück Zitronenschale (unbehandelt)
1 Lorbeerblatt
grob zerstoßene schwarze Pfeffer-
und Korianderkörner (je 6 Stück)
1 gute Msp. Safranpulver
$^1/_8$ l trockener Weißwein
$^1/_8$ l Wasser
2 TL Tomatenmark
Salz
1 kleine, gewürfelte Tomate
Basilikum und Kerbel zum Darüberstreuen

In keinem anderen Land gibt es so viele Zubereitungsarten für Artischocken wie in Italien und jede Region hat hier ihre Favoriten. In Rom bevorzugt man etwa »carciofi alla giudea«, ein Rezept aus dem jüdischen Viertel der Stadt. Im Frühjahr wird Ihnen auffallen, daß frische Artischockenböden angeboten werden – manchmal in Eimern mit gesäuertem Wasser, damit sie sich nicht verfärben.

Blumenkohl in kleine Röschen teilen. Stiele der Artischocken ausbrechen. Die äußeren harten Blätter entfernen. Dann Blattspitzen bis zu zwei Drittel zurückschneiden. Sofort mit Zitronensaft einreiben. Wenn nötig, den Boden mit einem Teelöffel säubern. Die Artischocken bis zur Verwendung in Zitronenwasser legen.
Gurke schälen, halbieren, entkernen und in knapp 1 cm dicke Scheiben schneiden. Frühlingszwiebeln und Champignons putzen, ganz lassen. Staudensellerie in knapp 1 cm große Stücke schneiden. Gemüse mit halbierter Knoblauchknolle im mittelheißen Öl ca. 5 Minuten andünsten. Kräuter, Zitronenschale und Gewürze beigeben und kurz mitdünsten. Weißwein, Wasser und Tomatenmark vermischen und zum Gemüse gießen. Dann zugedeckt 15 bis 20 Minuten bei kleiner Hitze schmoren lassen.
Vor dem Servieren mit Salz abschmecken. Tomatenwürfel, abgezupfte Basilikum- und Kerbelblättchen darüberstreuen.

Pasta
und Risotto

Zu Pasta brauche ich wahrscheinlich nicht viel Worte zu ver-
lieren. Nudeln sind nun mal einfach beliebt. Sind Sie nicht
auch immer in Italien von den unterschiedlichsten Sorten mit
all ihren klangvollen Namen begeistert? Ob Fusilli, Conchiglie,
Orecchiette oder Tortellini – sie alle lassen sich mit Gemüse-
saucen oder -füllungen raffiniert und immer wieder anders zube-
reiten. Wir dürfen uns dabei ruhig auch an unsere deutsche
Gewohnheit halten, die Nudeln zusammen mit einem Salat als
Hauptgericht zu essen (schließlich schmecken sie uns doch so
gut). Nachdem ich persönlich leidenschaftlich gern Reis esse,
wollte ich Ihnen allerdings auch die besten Risottorezepte nicht
vorenthalten.

Ich war lange Zeit – wie wahrscheinlich so mancher unter Ihnen – der Meinung, Kapern seien Früchte. Nein, Kapern sind die Blütenknospen des in den Mittelmeerländern beheimateten Kapernstrauchs. Sie müssen zum richtigen Zeitpunkt gepflückt und in der Sonne getrocknet werden, bevor sie anschließend in Essig oder – besser – in Salz eingelegt werden. Je kleiner die Kapern sind, um so aromatischer ist ihr Geschmack. Leider bekommt man hier überwiegend die größeren, die erst kurz vor Aufgehen der Knospe gepflückt wurden.

Spaghetti mit Tomaten, Oliven und Kapern

SPAGHETTI AL POMODORO, OLIVE E CAPPERI

500 g feines Weizenmehl, frisch gemahlen
Salz, 4–5 Eier
2 EL Öl

Für die Sauce:
2 große Fleischtomaten
1 große Gemüsezwiebel
120 g Oliven
6 EL Olivenöl
2 Knoblauchzehen
100 g Kapern
Salz, Pfeffer aus der Mühle

Außerdem:
Salz, 1 EL Öl

Für den Teig das Mehl in eine Schüssel sieben, nach Geschmack mit Salz mischen und in die Mitte eine Mulde drücken. Erst 4 Eier und das Öl hineingeben, mit einer Gabel Eier und Mehl verquirlen, dann alles kräftig verkneten. Falls der Teig zu fest ist, noch ein Ei hinzufügen. Den Teig so lange kneten, bis er glatt und glänzend ist. Zugedeckt mindestens 2 Stunden ruhen lassen.
Den Teig auf einem bemehlten Brett mit einem Nudelholz oder mit Hilfe einer Nudelmaschine dünn ausrollen. Bei Verwendung einer Nudelmaschine muß die Walze schrittweise enger gestellt werden. Die Teigplatten dann entweder mit einem scharfen Messer und mit Hilfe eines großen Lineals in schmale Streifen schneiden oder mit einer Nudelmaschine zu Spaghetti formen. Die Nudeln mit etwas Mehl bestäuben, locker vermischen und etwas antrocknen lassen.
Für die Sauce die Fleischtomaten kurz blanchieren, häuten, entkernen und das Fruchtfleisch in Stücke schneiden. Die Zwiebel schälen und würfeln, die Oliven halbieren und entkernen.
Die Hälfte des Olivenöls in einer hochwandigen Pfanne erhitzen und die Zwiebelwürfel darin bei mittlerer Hitze anschwitzen. Die geschälten Knoblauchzehen durch eine Presse drücken und mit den Oliven und den Kapern zu den Zwiebeln geben. Die Tomatenstücke untermischen und mit Salz und Pfeffer würzen.

Reichlich Wasser mit Salz und Öl in einem großen Kochtopf zum Kochen bringen. Die Spaghetti in das kochende Salzwasser geben und in wenigen Minuten al dente kochen. Auf ein Sieb gießen und gut abtropfen lassen.

In einer zweiten Pfanne das restliche Olivenöl erhitzen, die Spaghetti kurz darin schwenken, auf tiefe Teller verteilen und in die Mitte die Tomatenmischung geben.

Fusilli mit Artischocken

FUSILLI CON CARCIOFI

4 junge, zarte Artischocken
Saft von 1 Zitrone
2 EL Olivenöl
30 g Butter
1 kleine Zwiebel
$^1/_8$ l Fleischbrühe
Salz, Pfeffer aus der Mühle
400 g Fusilli
$^1/_2$ Bund Basilikum
100 g frisch geriebener Parmesan

Die Artischocken von den äußeren harten Blättern befreien, die spitzen Blätter zur Hälfte abschneiden, das Stielende abbrechen und die Artischocken in dünne Scheiben schneiden. Sofort in eine Mischung aus Wasser und Zitronensaft legen.

Öl und Butter in einer hochwandigen Pfanne erhitzen. Die geschälte Zwiebel in Würfel schneiden und in dem Fett anbraten. Die abgetropften Artischockenscheiben hinzufügen und unter Wenden leicht anbraten. Die Fleischbrühe angießen, salzen und pfeffern und alles zugedeckt in 10 Minuten weich dünsten.

In der Zwischenzeit die Fusilli in kochendes Salzwasser geben und nach Vorschrift auf der Packung in 14 bis 16 Minuten al dente kochen. Auf ein Sieb gießen und abtropfen lassen. Die Basilikumblätter in Streifen schneiden und zu den Artischocken geben. Die Fusilli mit den Artischocken in der Pfanne vermengen und unter Wenden kurz durchziehen lassen. Mit der Hälfte des Parmesans vermischen, den restlichen Käse getrennt reichen.

Italienische Pasta wird in zwei Gruppen unterteilt: »pasta secca« und »pasta fresca«. Während bis heute im Norden, vor allem in Ligurien und in der Emilia-Romagna, Pasta aus frisch zubereitetem Teig sehr beliebt ist, haben von Sizilien und Neapel ausgehend die »getrockneten« Nudeln aus Hartweizengrieß ihren Siegeszug angetreten. Das Gesetz schreibt vor, daß diese Pasta nur aus Hartweizen und Wasser bestehen darf, einigen Spezialitäten werden noch Eier oder andere Zutaten wie Spinat oder Tomaten zur Farbgebung beigemischt.

Es ist ein großer Irrtum zu glauben, Pasta schmecke gleich Pasta. In Italien haben sich in den letzten Jahren verschiedene kleine Firmen auf traditionelle Methoden – sowohl beim Getreideanbau, als auch bei der Fertigung – besonnen, und der Geschmack ihrer Produkte, die oft in künstlerisch gestalteten Verpackungen numeriert auf der Markt kommen, rechtfertigt Aufwand und Preis. Auch wenn Sie hier keine solche Auswahl haben, probieren Sie trotzdem die verschiedenen Marken. Eines ist ganz wichtig: Nudeln haben ihr richtiges Aroma nur, wenn sie noch Biß haben, d. h. al dente sind, und zwar in der Regel mehr als wir gewöhnt sind.

Spaghetti mit frischen Tomaten, Basilikum und Mozzarella

SPAGHETTI AL POMODORO, BASILICO E MOZZARELLA

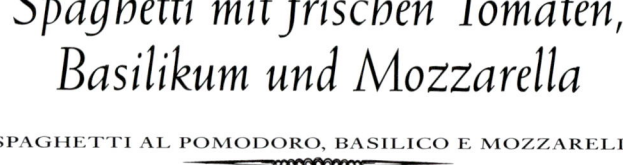

400 g Spaghetti
40 g Salz für 4 l Wasser
5 große, reife
Fleischtomaten ($1^{1}/_{2}$ kg)
2 Schalotten
1 kleines Stückchen frische,
scharfe Pfefferschote
Salz
Pfeffer aus der Mühle
6 EL Olivenöl
12 frische, große
Basilikumblätter
200 g Mozzarella

Die Spaghetti in Salzwasser nach Vorschrift auf der Packung in 8 bis 11 Minuten al dente kochen.

Inzwischen die Tomaten blanchieren, häuten, entkernen und in Würfel schneiden. Die geschälten Schalotten in Würfel, die entkernte Pfefferschote in feine Streifen schneiden. Alles miteinander vermischen, mit Salz und Pfeffer würzen und das Olivenöl sowie das in Streifen geschnittene Basilikum hinzugeben.

Mozzarella in 2 cm große Würfel schneiden.

Die Spaghetti auf ein Sieb gießen und gut abtropfen lassen. In einen Kochtopf geben. Mit den marinierten Tomaten und den Mozzarellawürfeln vermischen. Bei leichter Hitze unter Wenden mit zwei Holzgabeln 2 bis 3 Minuten erhitzen, bis die Mozzarella zu schmelzen beginnt.

Spaghetti mit Pesto

SPAGHETTI CON PESTO

2 Kartoffeln
50 g sehr zarte grüne
Bohnen
40 g Salz für 4 l Wasser
400 g Spaghetti

Für den Pesto:
1 Handvoll Pinienkerne
1 Handvoll Basilikumblätter
4 Knoblauchzehen
10 g grobes Meersalz
30 g Parmesan
30 g Pecorino
8 EL Olivenöl

Für den Pesto die Pinienkerne in einer trockenen Pfanne hellgelb rösten. Abkühlen lassen und grob hacken.

Die Basilikumblätter waschen, trockentupfen und mit einer Schere in breite Streifen schneiden. Die Knoblauchzehen abziehen und in feine Würfel hacken. Pinienkerne und die Knoblauchwürfel in einem Mörser fein zerstoßen. Dann die Basilikumblätter und das Salz hinzufügen und weiterstampfen.

Den Käse in Stückchen zerbröckeln, in den Mörser geben und mit dem Stößel ganz zerstoßen. Nach und nach das Olivenöl hinzufügen, es soll eine cremige Masse entstehen. Den Pesto durchziehen lassen.

Inzwischen die Kartoffeln schälen und in kleine Würfel schneiden, die Bohnen waschen und in Stückchen brechen. In einem großen Topf 4 l Wasser mit dem Salz zum Kochen bringen und die Kartoffelwürfel und Bohnenstückchen 5 Minuten darin kochen lassen. Dann die Spaghetti hinzufügen und in 8 bis 11 Minuten al dente kochen. Auf ein Sieb schütten und abtropfen lassen, dabei etwas Kochwasser auffangen und beiseite stellen.

Den Pesto mit einigen Löffeln Kochwasser geschmeidig machen. Die Nudeln mit dem Gemüse in eine vorgewärmte Schüssel geben und gründlich mit dem Pesto vermischen.

Pesto stammt ursprünglich aus Persien, ist aber inzwischen in Italien tief verwurzelt und gilt vor allem als Genueser Spezialität. Daß sein Ursprung, obwohl die Hauptzutat ja das heimische Basilikum ist, doch in der Fremde war, darauf weisen die in fast allen Varianten verwendeten Pinienkerne hin. Gerichte, die durch Pinienkerne, Walnüsse oder Rosinen eine leicht süßliche Note erhalten, wurden in der Regel erst von den Seefahrern aus orientalischen Ländern mit nach Italien gebracht. Dieser Einfluß schlug sich natürlich in erster Linie in großen Hafenstädten nieder wie in Genua oder auf Sizilien.

Die schönste Zeit, Sizilien zu besuchen, ist der Mai. Die Blütenpracht der Bougainvillea, Oleander und Rosen mischt sich mit dem süßlichen Duft der Orangen. Auch wenn der Wind am Meer meistens noch frisch ist, kann man mitunter schon baden. Aber vor allem ist diese Saison für eine Rundreise ideal. Neben Palermo und den Ausgrabungen in Selinunt und Agrigent würde ich Ihnen unbedingt einen Besuch von Syrakus empfehlen. Diese geschichtsträchtige Stadt wurde 734 v. Chr. von den Griechen gegründet, an deren Einfluß unter anderem heute noch das monumentale Griechische Theater aus dem 5. Jahrhundert v. Chr. erinnert. Es macht Spaß, durch die Gassen der auf der Insel Ortygia gelegenen Altstadt zu schlendern, die zwei Brücken mit dem Festland verbindet. Einzigartig ist der Dom, der auf den Resten eines dorischen Tempels errichtet wurde, dessen Säulen in das barocke Bauwerk miteinbezogen wurden.

Makkaroni Palermo

MACCHERONI PALERMITANI

400 g Makkaroni
Salz

Für die Sauce:
4 Knoblauchzehen
2 Zwiebeln
4 EL Olivenöl
250 g Champignons
150 g Hackfleisch vom Lamm
3 große Fleischtomaten
$^1/_2$ Tasse Fleischbrühe
je $^1/_2$ TL getrockneter Thymian und Oregano
Pfeffer aus der Mühle
Salz
75 g frisch geriebener Percorino

Die Makkaroni in gesalzenem Wasser al dente kochen. Auf ein Sieb gießen, abtropfen lassen und heiß halten.

Für die Sauce Knoblauchzehen und Zwiebeln schälen und fein hacken. Das Öl in einer Pfanne erhitzen, Knoblauch und Zwiebeln darin glasig werden lassen.

Die Champignons putzen, waschen, in dünne Scheibchen schneiden. In die Pfanne geben und mitbraten, bis die austretende Pilzflüssigkeit eingekocht ist. Das Hackfleisch unterrühren und 10 Minuten mitschmoren.

Die Tomaten mit kochendem Wasser übergießen, abziehen, halbieren und entkernen. Die Stielansätze entfernen. Die Tomaten in Würfel schneiden. In die Pfanne geben. Die Fleischbrühe angießen. Die Sauce mit Oregano, Thymian, Pfeffer und Salz abschmecken und noch einige Minuten kochen lassen.

Die heißen Makkaroni auf vorgewärmte Teller verteilen und die Sauce sehr heiß darübergießen. Sofort servieren.

Die Neapolitaner nannten ihre Pasta »maccaroni«, und in Süditalien steht dieser Begriff heute immer noch synonym für alle möglichen Sorten. Ganz grob kann man Pasta in lange und kurze Nudeln unterteilen. Da sind einmal Spaghetti, Capellini, Bucatini, Makkaroni, Papardelle oder Tagliatelle und zum andern Penne, Farfalle, Fusilli, Rigatoni oder Conchiglie. Grundsätzlich paßt zu langer Pasta besser eine leichte Sauce auf Olivenölbasis, während die kürzeren, dickeren Nudeln gut mit einer cremigen Käse- oder einer Gemüsesauce harmonieren.

Bucatini mit Zucchini und Tomatensugo

BUCATINI AL SUGO DI POMODORO CON ZUCCHINE

500 g kleine Zucchini
300 g Eiertomaten
2 Knoblauchzehen
je ¹/₂ Bund Petersilie
und Basilikum
4 EL Olivenöl
Salz
Pfeffer aus der Mühle
1 Msp. Rosenpaprika
400 g Bucatini
1 nußgroßes Stück Butter
frisch geriebener Pecorino oder Parmesan

Die Zucchini waschen, Blüten- und Stielansätze entfernen und in nicht zu kleine Würfel schneiden. In ein Sieb geben, etwas salzen und etwa 15 Minuten ziehen lassen.

Die Tomaten kreuzförmig einschneiden, kurz in heißes Wasser tauchen, enthäuten, grünen Stielansatz entfernen und in kleine Würfel schneiden. Die beiden Knoblauchzehen schälen, hacken und mit der Messerbreitseite zerdrücken. Petersilie und Basilikum waschen, trockentupfen, grobe Stiele entfernen und fein hacken. 2 Eßlöffel Öl in einer Kasserolle erhitzen und den Knoblauch kurz anbraten. Tomaten, Petersilie und Basilikum hinzufügen, mit Salz, Pfeffer und Rosenpaprika abschmecken und alles gut vermischen. Sugo zugedeckt bei schwacher Hitze etwa 20 Minuten köcheln.

Die Zucchini mit Küchenpapier sorgfältig trockentupfen. Das restliche Olivenöl in einer Pfanne erhitzen, die Zucchini darin von allen Seiten braun anbraten und warm halten.

Reichlich Salzwasser mit etwas Öl zum Kochen bringen und die Bucatini al dente kochen, abgießen und mit einem nußgroßen Stück Butter in eine vorgewärmte Schüssel geben. Zucchini und Tomatensugo unter die Bucatini mischen, mit dem frisch geriebenen Pecorino oder Parmesan bestreuen und sofort servieren.

Spaghettini Aglio-Olio mit Zwiebeln

SPAGHETTINI AGLIO E OLIO CON LE CIPOLLE

500 g Spaghettini
2 Schalotten
4 Knoblauchzehen
1 Bund Petersilie
$^1/_8$ l Olivenöl
1 getrocknete rote Pfefferschote

Die Spaghettini in kochendem Wasser mit reichlich Salz al dente kochen.

In der Zwischenzeit die Schalotten und Knoblauchzehen schälen und fein hacken. Die Petersilie waschen, die groben Stiele entfernen und die Blättchen fein hacken.

Das Olivenöl in einer Pfanne erhitzen, Zwiebeln und Knoblauch goldgelb anbraten und die Pfefferschote im Ganzen hinzugeben. Kurz vor dem Servieren sollte sie entfernt werden. Wer die Schärfe liebt, kann die Pfefferschote auch kleinhacken und zusammen mit der Sauce verzehren.

Die Spaghettini abgießen und in eine vorgewärmte Schüssel geben. Das Zwiebel-Knoblauch-Gemisch zusammen mit dem Öl über die Spaghettini gießen, die Petersilie darüberstreuen und alles gut vermischen.

Die kleinen getrockneten Pfefferschoten sind unentbehrlich für eine authentische italienische Küche, geben sie doch vielen Gerichten erst den unverwechselbaren Charakter. Aber gehen Sie mit den Peperoncini sparsam um. Wenn Sie nicht wirklich scharfes Essen gewöhnt sind, entfernen Sie unbedingt die Kerne. Anschließend entweder in großen Stücken im Öl anziehen lassen und vor dem Essen wieder herausnehmen oder klein zerstoßen mitessen. Vorsicht ist geboten, wenn Sie die Peperoncini mit den Fingern zerkleinern: kommen Sie danach nicht an die Augen.

Das vom Tourismus noch relativ unberührte Apulien bietet nicht nur wunderschöne Strände, es hat auch mit seinem endlosen Meer von Olivenbäumen einen ganz eigenen Reiz. Berühmt sind die »trulli«, jene steinernen, weißgetünchten Rundhäuser mit einem Kegeldach, deren einzige Lichtquelle die Tür ist. Rund um Alberobello prägen sie die Landschaft. In diesem Städtchen, das Sie auf jeden Fall besuchen sollten, bestehen ganze Gassen aus jenen malerischen Bauwerken.

Nudeln mit Blumenkohl

ORECCHIETTE PUGLIESE

ca. 1 kg Blumenkohl, Salz
2–3 Knoblauchzehen
500 g Orecchiette
$^1/_8$ l Olivenöl
1 kleine Pfefferschote
1 Döschen Sardellenfilets, ca. 25 g
4 Knoblauchzehen, Pfeffer aus der Mühle
$^1/_2$ Bund glatte Petersilie
geriebener Parmesan

Den Blumenkohl 30 Minuten in kaltes Salzwasser legen. Dann in kleine Röschen teilen, die Strünke wegschneiden. Salzwasser mit den geschälten Knoblauchzehen in einem großen Topf aufkochen. Blumenkohl darin ca. 3 Minuten garen. Herausnehmen und gut abtropfen lassen.

Kochwasser mit frischem Wasser aufgießen und aufkochen. Orecchiette darin in 10 bis 12 Minuten al dente garen.

Inzwischen Öl in einem Topf erhitzen. Die feingeschnittene und entkernte Pfefferschote, gut abgetropfte Sardellenfilets und Knoblauchzehen zufügen und nur kurz erwärmen. Dann Topf von der heißen Herdplatte nehmen. Sardellenfilets und Knoblauchzehen mit einer Gabel zerdrücken. Orecchiette und Blumenkohl mit der Sardellensauce vermischen. Bei mittlerer Hitze zusammen heiß werden lassen. Vorsichtig mit Salz und Pfeffer abschmecken. Gehackte Petersilie darüberstreuen. Dazu geriebenen Parmesan servieren.

Für 4 bis 6 Personen

Weiter führt uns der Weg nach Süden und etwa 40 Kilometer nach Brindisi erreichen wir die etwas landeinwärts gelegene wunderschöne Barockstadt Lecce. Diese Stadt ist mir nachhaltig in Erinnerung, weil ich so lange brauchte, um die Basilika Santa Croce zu finden. Ich hatte immer das Gefühl, direkt davorzustehen (das stimmte auch), das Problem war nur, daß von den kleinen Gassen nur an wenigen Stellen ein schmaler Zugang auf den Platz der Basilika führt. Doch dann öffnet sich das Dunkel der Gäßchen unvermutet, und es umfangen einen die opulenten Fassaden der Kirche und der benachbarten Palazzi.

Rucola oder Rauke mit deutschem Namen ist eigentlich eine ganz alte Pflanze, die in den letzten Jahren ein richtiges Comeback erlebt hat. Manchmal kann man es schon nicht mehr hören, immer dieses »... an Rucola« auf den Speisenkarten solcher Restaurants, die sich im Zeitgeist wähnen. Trotzdem – ein Salat nur aus Rucola mit einem guten Olivenöl und frisch gehobeltem Parmesan, das ist einfach ein Gedicht. Doch der pfeffrige Geschmack von Rucola kommt nicht nur roh zur Geltung, sondern entfaltet sich auch sehr gut beim Dünsten.

Nudeln mit Rucola

PASTA ALLA RUCOLA

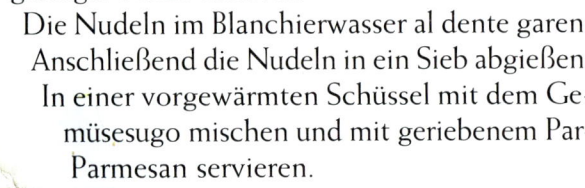

100 g Rucola oder Sauerampfer
Salz
2 Knoblauchzehen
3 Sardellenfilets
6 EL Olivenöl
400 g Taglierini oder Spaghetti
Parmesan

Die Salatblättchen verlesen und waschen. In siedendem Salzwasser rasch blanchieren und in einem Sieb abtropfen lassen. Das Blanchierwasser beiseite stellen.
Den Knoblauch schälen und hacken. Die Sardellenfilets abspülen und kleinschneiden. Den blanchierten Salat hacken.
Das Öl in einer Pfanne erhitzen. Den Knoblauch darin andünsten und die Sardellen darin auflösen. Den Salat zugeben und bei geringer Hitze dünsten.
Die Nudeln im Blanchierwasser al dente garen. Anschließend die Nudeln in ein Sieb abgießen. In einer vorgewärmten Schüssel mit dem Gemüsesugo mischen und mit geriebenem Parmesan servieren.

Penne mit wildem Spargel

PENNE CON GLI ASPARAGI SELVATICI

500 g wilder oder grüner Spargel
1 Zwiebel
50 g roher Schinken
40 g Butter
$^1/_4$ getrocknete Chilischote
300 g Penne
1 Becher Sahne (200 g)
1 EL Tomatenmark
Salz
Pfeffer
$^1/_2$ Bund Petersilie

Wilden Spargel waschen und den unteren Teil entfernen. Grünen Spargel am unteren Teil schälen und in schräge Stücke schneiden. Geschälte Zwiebel und den Schinken in Würfel schneiden.
Die Butter in einer großen Pfanne erhitzen und die Schinken- und Zwiebelwürfel darin anbraten. Den Spargel sowie die Chilischote hineingeben und mit anbraten.
Die Nudeln in kochendem Wasser al dente kochen.
Sahne und Tomatenmark zum Gemüse geben und etwas einkochen lassen. Sobald die Sauce cremig ist, die abgetropften Penne dazugeben, mit Salz und Pfeffer würzen und alles vorsichtig miteinander vermischen. Noch einmal kurz erwärmen und mit frisch gehackter Petersilie bestreuen.

Erst einmal: die Penne schmecken genauso gut mit grünem Spargel. Wilder Spargel ist eine typisch italienische Spezialität; er wächst heute noch entlang sandiger Wege in Latium und in Umbrien, und beide Regionen haben typische Rezepte für diese dünnen, grünen Stangen mit ihrem ausgeprägten Geschmack. Um Rom herum wird er einfach in Butter und Öl gedünstet und mit ein paar Anchovis und frischem Brot gereicht, während man in Umbrien sich darauf versteht, aus Spargel und Tomaten eine leckere Pastasauce zuzubereiten.

*D*iese muschelförmigen Nudeln harmonieren besonders gut mit einer nicht allzu verkochten Gemüsesauce. Versuchen Sie anstatt der Zucchini und Auberginen, wie sie in dem Rezept hier verwendet werden, auch einmal eine Sauce aus Brokkoli und ersetzen Sie den Parmesan durch Ricotta, die dem ganzen eine cremige Note verleiht.

Conchiglie mit Pilzgemüse

CONCHIGLIE CON VERDURA DI FUNGHI

4 kleine Zucchini
2 kleine Auberginen
150 g frische Egerlinge
1 Bund Petersilie
1 Knoblauchzehe
3–4 EL Olivenöl
2 TL Oregano
Salz, Pfeffer
500 g Conchiglie
frisch geriebener Parmesan

Zucchini und Auberginen waschen, die Stielenden abschneiden, das Gemüse in etwa $1/2$ cm dicke Scheiben schneiden, mit Salz bestreuen und etwa 20 Minuten ziehen lassen.

In der Zwischenzeit die Egerlinge putzen, waschen, mit Küchenpapier sorgfältig trockentupfen und in dünne Scheiben schneiden. Zucchini und Auberginen sorgfältig trockentupfen. Die Petersilie waschen, grobe Stiele entfernen und kleinhacken. Die Knoblauchzehen schälen und mit der Messerbreitseite zerdrücken.

Olivenöl in einer Pfanne erhitzen, Knoblauch und Petersilie kurz andünsten, danach die Zucchini-, Auberginen- und Pilzscheiben hinzufügen. Kurz anbraten, mit Oregano, Salz und Pfeffer würzen und bei schwacher Hitze unter mehrmaligem Umrühren langsam garen.

Die Nudeln mit einem Schuß Öl in Salzwasser al dente kochen.

Das Gemüse nochmals abschmecken, zusammen mit den abgegossenen, gut abgetropften Nudeln in eine vorgewärmte Schüssel geben, miteinander mischen und mit Parmesan servieren.

Orecchiette mit Mangold

ORECCHIETTE CON LA BIETOLA

500 g Stielmangold
Salz
500 g Orecchiette
50 g Semmelbrösel
$^{1}/_{8}$ l Olivenöl
6 Knoblauchzehen
1 getrocknete rote Pfefferschote
6 Sardellenfilets

Stielmangold verlesen, gründlich waschen und samt Stielen in Stücke schneiden. Salzwasser aufkochen, Orecchiette und Mangold darin bißfest garen.

Semmelbrösel in 3 Eßlöffeln Öl goldbraun rösten. Restliches Öl erhitzen. Feingeschnittenen Knoblauch, Pfefferschote und gut gespülte Sardellenfilets darin leicht anrösten. Gut abgetropfte Nudeln und Mangold zugeben und kurz durchziehen lassen.

Vor dem Servieren die gerösteten Semmelbrösel darüberstreuen.
Für 6 Personen

Die rundlichen Orecchiette sind die traditionelle Pasta Apuliens, und Sie werden sie auf Ihrer Reise zum Stiefelsporn mit den unterschiedlichsten Saucen oder in einer dicken Suppe serviert bekommen. Wenn es die Zeit erlaubt, umrunden Sie die salentinische Halbinsel und genießen die Fernsicht an der Südspitze in Santa Maria di Leuca, wo das Adriatische und das Ionische Meer sich treffen. Etwas nördlich davon liegt auf einer Anhöhe Otranto, zugleich der östlichste Punkt Italiens. Die dortige Kathedrale mit ihrer kunstvollen Fensterrosette besitzt prachtvolle Fußbodenmosaiken aus dem 12. Jahrhundert.

Es gibt regional unterschiedliche Zubereitungsarten für Cannelloni. Normalerweise werden die Rollen aus Nudelteigblättern gemacht, die mit Gemüse oder Fleisch gefüllt im Ofen überbacken werden. Die typischen Cannelloni aus dem Piemont bestehen aus dünnen, zusammengerollten Pfannkuchen (ansonsten heißen Pfannkuchen »crespelle«) mit einer Füllung aus Fleisch und Parmesan; darüber kommt eine dicke Schicht Béchamelsauce.

Cannelloni gefüllt mit Möhren und Ricotta

CANNELLONI RIPIENI DI CAROTE E RICOTTA

250 g Möhren
Salz
500 g Ricotta oder gut abgetropfter Magerquark
4 Eigelb
100 g frisch geriebener Parmesan
Pfeffer aus der Mühle
1 Bund frische gemischte Kräuter
12 ungekochte Cannelloni ($^1/_2$ Packung)
Fett für die Form
600 g Fleischtomaten
$^1/_8$ l trockener Weißwein
1 EL Olivenöl

Die Möhren schälen, grob raspeln und für 1 Minute in kochendes Salzwasser geben. Eiskalt abschrecken, gut abtropfen lassen und ausdrücken.

Ricotta oder Quark in einer Schüssel mit Eigelb und der Hälfte des Parmesans gut verrühren, salzen und pfeffern. Die Kräuter von den Stengeln zupfen und fein hacken, bis auf einen Eßlöffel mit den Möhren unter die Ricotta mischen. Die Cannelloni damit füllen und nebeneinander in eine feuerfeste Auflaufform legen.

Die Tomaten überbrühen, häuten und entkernen. Klein würfeln und um die Cannelloni streuen, salzen und pfeffern und mit dem Weißwein übergießen. Mit Olivenöl beträufeln und den restlichen Parmesan auf die Cannelloni streuen.

Die Form auf die mittlere Schiene des vorgeheizten Backofens stellen und die Nudeln 45 Minuten bei 220 Grad überbacken, bis die Kruste goldbraun geworden ist. Die Cannelloni aus dem Ofen nehmen und mit den restlichen frischen Kräutern bestreuen.

Hausgemachte grüne Nudeln

PASTA VERDE CASALINGA

400 g Mehl
4 Eier
$^1/_2$ TL Salz, 2 TL Öl
4 EL roh pürierter Spinat

Mehl auf eine Arbeitsfläche sieben. In der Mitte eine Vertiefung eindrücken. Aufgeschlagene Eier, Salz, Öl und gut ausgepreßten Spinat hineingeben. Mehl von außen nach innen mischen und zu einem Teig zusammenfügen.

Den Teig mindestens 10 Minuten kräftig kneten, bis er elastisch, glatt und leicht glänzend ist. Falls er zäh bleibt, einige Tropfen Wasser zufügen. Die Teigkugel in ein feuchtes Küchentuch wickeln und etwa 30 Minuten bei Zimmertemperatur ruhenlassen. Ausrollen, gewünschte Nudelformen ausschneiden und je nach Wunsch zubereiten.

Für 6 Personen

Der Geschmack selbstgemachter Nudeln entschädigt Sie für die Arbeit. Nach Möglichkeit sollten Sie den Spinat roh verwenden, dadurch bekommen die Nudeln einen intensiveren Farbton. Andernfalls die tropfnassen Spinatblätter kurz zusammenfallen lassen, fein pürieren und unter den Teig arbeiten.

Gefüllte Nudeln waren früher eine Art Resteverwertung; bereits im Mittelalter kamen Dienstboten auf die Idee, die Überbleibsel der Speisen pikant zu würzen und in Nudelteigstücke zu verpacken. Daraus entstanden dann im Laufe der Jahre solch leckere Spezialitäten wie Tortellini oder die größeren Tortelloni, Ravioli, Panzerotti und Cappelletti.

Tortellini mit Champignons à la Crème

TORTELLINI CON CREMA DI FUNGHI

400 g Tortellini
400 g braune Champignons
1 große Zwiebel
30 g Butter
1 EL gemahlener Weizen
$^1/_8$ l Milch
$^1/_8$ l Sahne
Pfeffer aus der Mühle
Salz
2 Salbeiblätter
$^1/_2$ Bund Pimpernelle

Tortellini in reichlich leicht gesalzenem Wasser al dente kochen, abgießen, abtropfen lassen und heiß halten.

Champignons putzen, kurz unter fließendem Wasser waschen oder mit Küchenpapier sorgfältig abwischen. In feine Scheibchen schneiden. Die Zwiebel schälen und fein hacken. Butter in einem Topf erhitzen, die Zwiebel darin glasig werden lassen. Champignons zugeben und so lange unter ständigem Rühren braten, bis alle austretende Flüssigkeit verkocht ist. Das Weizenmehl darüberstreuen und unter Rühren etwas anschwitzen lassen. Milch und Sahne angießen und die Sauce einige Minuten kochen lasen. Mit Pfeffer und Salz würzen. Salbeiblätter und Pimpernelle waschen und fein hacken. Die Tortellini auf einer vorgewärmten Platte anrichten. Die Champignoncreme darauf verteilen und mit den gehackten Kräutern bestreuen.

Tortellini mit Zucchini-Tomaten-Sauce

TORTELLINI CON SALSA DI POMODORO E ZUCCHINE

250 g italienische Eiertomaten
6−8 Basilikumblätter
$^1/_2$ Bund Petersilie
Salz
Pfeffer
1 Msp. Oregano
4 EL süße Sahne
$^1/_8$ l Fleischbrühe
200 g kleine, junge Zucchini
150 g Tortellini
(fertig gekauft)
100 g geriebener Parmesan

Die Tomaten kreuzweise einschneiden, kurz in kochendes Wasser tauchen und enthäuten. Den grünen Stielansatz entfernen und das Fruchtfleisch kleinhacken. Basilikum und Petersilie waschen, getrennt kleinhacken.

Das Tomatenfruchtfleisch mit dem entstandenen Saft in einen Topf geben, Basilikum hinzufügen und mit Salz, Pfeffer und Oregano würzen. Die Sauce etwa 30 Minuten eindicken lassen und zum Schluß mit Sahne verfeinern.

Die Fleischbrühe erhitzen. Die Zucchini waschen, Blüten- und Stielansätze entfernen, grob raffeln und in der Fleischbrühe 3 bis 5 Minuten garen.

Tortellini in Salzwasser al dente kochen und abgießen. Mit der Tomatensauce in eine vorgewärmte Suppenschüssel geben. Die abgetropften Zucchini hinzufügen und alles gut vermischen. Zum Schluß mit Petersilie und Parmesan bestreuen. Sofort servieren.

Die Heimat der gefüllten Nudeln ist die Emilia-Romagna. Da die richtige Zubereitung sehr zeitaufwendig ist, werden sie in der Hauptsache zu besonderen Festtagen serviert. Besonders der Ruhm Bolognas ist eng mit Tortellini verbunden, sind sie doch zusammen mit den mittelalterlichen Türmen das Wahrzeichen der Stadt. Während die meisten gefüllten Nudeln mit einer Käse-Sahne-Sauce auf den Tisch kommen, werden die in Mantua so beliebten Tortelli mit Kürbisfüllung nur mit geschmolzener Butter und etwas Parmesan gereicht.

Auch wenn Lasagne ursprünglich auch aus der Emilia-Romagna stammte, ist sie doch heute überall in Italien sehr populär. Jede Region hat im Laufe der Zeit ihre eigene Variante entwickelt, aber immer werden Nudelplatten abwechselnd mit Ragout und Sauce in eine Form geschichtet und gebacken. Eine besondere Art im östlichen Venetien zeigt einmal wieder orientalischen Einfluß: hier kommen in die Sauce Rosinen, getrocknete Feigen, Walnüsse und Sesam.

Möhren-Spinat-Lasagne

LASAGNE CON CAROTE E SPINACI

700 g frischer Blattspinat
5 EL Butter
3 Knoblauchzehen
Salz
Pfeffer aus der Mühle
frisch geriebene Muskatnuß
600 g Möhren
Zitronensaft
2 EL Mehl
3/4 l Milch
250 g frisch geriebener Gruyère
250 g Lasagneblätter
Fett für die Form

Spinat putzen, gut waschen und abtropfen lassen. Von der Butter 2 Eßlöffel erhitzen, den Knoblauch schälen und durch die Presse dazudrücken. Den Spinat zufügen und 6 Minuten dünsten. Mit Salz, Pfeffer und Muskatnuß abschmecken.

Die Möhren schälen, waschen und grob raspeln. In 1 Eßlöffel Butter kurz in einer Pfanne andünsten, mit Zitronensaft, Salz und Pfeffer abschmecken.

Das restliche Fett in einem Topf schmelzen. Das Mehl zufügen und goldgelb anschwitzen. Die Milch langsam unter Rühren dazufließen lassen. 15 Minuten köcheln, bis eine cremige Masse entstanden ist. Den Käse unterrühren und schmelzen lassen.

Die Lasagneblätter wie auf der Packung beschrieben kochen. Eine feuerfeste Form einfetten. Erst eine Lage Lasagneblätter auf den Boden legen, darauf die Hälfte der Möhren verteilen. Diese Schicht mit Béchamelsauce bedecken, darauf wieder Nudeln geben. Diesen Vorgang wiederholen und so weiterverfahren, bis alle Zutaten aufgebraucht sind. Die letzte Schicht sollte aus Nudeln und der restlichen Sauce bestehen.

Die Lasagne im vorgeheizten Backofen 1 Stunde bei 180 Grad backen. Falls die Oberfläche zu dunkel wird, mit Alufolie abdecken. Die Lasagne frisch aus dem Ofen servieren.

Nudeln mit Kohl und Kartoffeln

PIZZOCCHERI

¹/₂ Weißkohl (ca. 400 g)
300 g Kartoffeln
Salz
100 g Butter
2 Knoblauchzehen
2 Salbeistengel
200 g Nudeln aus Buchweizenmehl
(Pizzoccheri) oder Vollkornnudeln
100 g Pecorino oder Parmesan
Pfeffer aus der Mühle

Den Kohl putzen, waschen und bis auf den Strunk in Streifen schneiden. Kartoffeln schälen und würfeln. Beides zusammen in einen Topf mit etwa 3 l siedendem Salzwasser geben und 15 Minuten garen.

Butter in einem Pfännchen erhitzen und geschälten Knoblauch mit gewaschenem Salbei darin langsam anbräunen.

Nudeln ins sprudelnde Wasser zum Kohl geben und darin al dente garen – nach angegebener Kochzeit auf der Packung und eigenem Geschmack testen.

Den Käse reiben. Knoblauch und Salbei aus der Butter nehmen. Die Gemüse-Nudel-Mischung in ein Sieb abgießen und alles in eine vorgewärmte Schüssel füllen. Mit Pfeffer und Salz pikant abschmecken.

Die Salbeibutter heiß darübergießen und mit Pecorino oder Parmesan bestreut servieren.

Pizzoccheri, Nudeln aus Buchweizenmehl, sind eine Spezialität aus dem Veltlin, dem Tal zwischen der Bernina-Gruppe und den Bergamasker Alpen. Das Veltlin kann auf eine wechselvolle Geschichte zurückblicken – es war ursprünglich Teil der Lombardei, dann wurde es von den Bündnern erobert, kurze Zeit war es österreichisch und seit 1859 gehört es wieder zu Italien. Aber immer war die Bevölkerung bemüht, aus den Produkten ihres Bergtals nahrhafte Gerichte zuzubereiten. Buchweizen gehört zu den ältesten Kulturpflanzen; da man – ähnlich wie bei Gerste oder Hirse – das ganze Korn verwendet, ist sein Vitamin- und Mineralstoffgehalt sehr hoch.

Der Name »ravioli« existiert schon sehr lange, doch erst seit Ende des 18. Jahrhunderts versteht man darunter die gefüllten Nudelteigquadrate, wie wir sie heute noch kennen. Ursprünglich waren Ravioli ungefüllt und bezeichneten kleine, runde Klöße – ein Vorläufer der späteren Gnocchi. Je nach Region hat man viel Phantasie entwickelt, immer wieder neue Raviolifüllungen zu kreieren. In Ligurien versteht man sich auf

Fischfüllungen, dazu kommt dann noch eine Muschelsauce; Spinat und Ricotta sind die typischen Bestandteile in Südtirol, während in den Marken Ravioli mit Ricottafüllung in einer Fisch-Wein-Sauce zubereitet werden. In den letzten

Spinat nach Mailänder Art

SPINACI ALLA MILANESE

1 kg Spinat
500 g reife Fleischtomaten
2 Zwiebeln
3–4 Knoblauchzehen
3 EL Olivenöl
Salz
Pfeffer aus der Mühle
getrockneter Oregano
Fett für die Form
einige Butterstückchen
500 g frische Ravioli mit
Ricottafüllung
50 g geriebener Parmesan

Spinat verlesen, grobe Stiele entfernen und gründlich waschen. Die tropfnassen Blätter bei mittlerer Hitze zugedeckt zusammenfallen lassen. In einem Sieb abtropfen lassen, dann hacken.

Tomaten in siedendem Wasser kurz überbrühen, kalt abschrecken, häuten, halbieren und entkernen. Das Fruchtfleisch würfeln, dann mit feingehackten Zwiebeln und Knoblauch im mittelheißen Öl zu einer dicken Sauce einkochen. Kräftig mit Salz, Pfeffer und Oregano abschmecken.

Spinat in eine gut gefettete feuerfeste Form geben. Salzen, pfeffern und mit Butterstückchen bestreuen. Die Ravioli darauf verteilen, die Hälfte des geriebenen Käses darüberstreuen. Dann mit der Tomatensauce bedecken und mit dem restlichen Käse bestreuen. In der Mitte des vorgeheizten Backofens bei 200 Grad ca. 25 Minuten goldbraun überbacken.

Ravioli mit Ricottafüllung

RAVIOLI CON RICOTTA E SPINACI

Für den Teig:
400 g Weizenmehl
2 Eier
10 EL Wasser

Für die Füllung:
300 g Spinat
30 g Butter
300 g Ricotta
2 Eigelb
Salz
frisch geriebene Muskatnuß
40 g frisch geriebener Parmesan

Außerdem:
100 g Butter
einige Salbeiblätter
40 g frisch geriebener Parmesan

Jahren sind Ravioli sehr beliebt bei innovativen Köchen, da sie hier wirklich ihrer Kreativität freien Lauf lassen können — schließlich gibt es nur zwei Zutaten, die unbedingt enthalten sein müssen: Eier und Parmesan.

Für den Teig das Mehl auf ein Holzbrett geben und in die Mitte eine Vertiefung drücken. Die Eier und das Wasser hineingeben und die Zutaten mit den Händen zu einem glatten Teig verarbeiten. In ein feuchtes Tuch hüllen und 20 Minuten ruhenlassen. Inzwischen für die Füllung den Spinat waschen, tropfnaß in einen Topf geben und aufkochen, bis er zusammenfällt. Den Spinat fein hacken. Die Butter in einer Pfanne zerlassen und den Spinat darin andünsten und erkalten lassen. Ricotta und Eigelbe mit dem Spinat verrühren und mit Salz und Muskat abschmecken. Parmesan hinzufügen.

Den Teig mit einer Nudelmaschine oder einem Nudelholz dünn ausrollen. Auf die Hälfte des Teiges in 4 cm Abstand nußgroße Kügelchen von der Füllung setzen. Die andere Teighälfte darüberlegen und mit einem Teigrädchen kleine Vierecke ausrädeln. Die Ränder fest andrücken.

In einem Topf reichlich Salzwasser zum Kochen bringen und die Ravioli darin portionsweise in 5 bis 7 Minuten al dente garen. Mit einem Schaumlöffel herausnehmen und auf vier vorgewärmten Tellern anrichten.

*R*eis war zwar schon den Römern bekannt, doch in erster Linie als Heilmittel. Die Aragonier brachten den Reis im 15. Jahrhundert nach Italien und bald war Mailand wichtiger Umschlagplatz für den Reisexport. Heute ist Italien neben Rußland der größte Reisproduzent Europas; als europäisches Reiszentrum gilt die Stadt Vercelli. Von den unterschied-

Risotto mit Kürbis

RISOTTO CON LA ZUCCA

500 g Kürbis
3 EL Butter
$^1/_4$ l trockener Weißwein
2 Schalotten
2 EL Olivenöl
250 g italienischer Rundkornreis
ca. $^1/_2$ l Geflügelbrühe
Salz, Pfeffer aus der Mühle
2 Lorbeerblätter
50 g geriebener Parmesan
Muskat
einige Petersilienblättchen zum Garnieren

Kürbis schälen, entkernen und in Würfel schneiden. In 1 Eßlöffel mittelheißer Butter andünsten. $^1/_8$ l Wein dazugießen und den Kürbis bei kleiner Hitze knapp weich garen. Herausnehmen und in einem Sieb abtropfen lassen.

Feingehackte Schalotten in 1 Eßlöffel erhitzter Butter glasig dünsten. Reis zufügen und kurz mitdünsten. Mit dem restlichen Wein ablöschen und unter Rühren einkochen lassen.

lichen Sorten, die in der Poebene gezüchtet werden, ist der langkörnige »superfino« für Risottogerichte geeignet. Kaufen Sie entweder Arborio- oder, wenn Sie sich etwas besonders Gutes tun wollen, den teureren Carnaroli-Reis.

Nach und nach die heiße Brühe dazugießen, so daß der Reis immer nur knapp mit Flüssigkeit bedeckt ist. Mit Salz, Pfeffer und Lorbeer würzen. Risotto im offenen Topf ca. 25 Minuten köcheln lassen, dabei öfter umrühren.

Die Hälfte der Kürbiswürfel mit einer Gabel zu Mus zerdrücken oder pürieren. Mit den restlichen Kürbiswürfeln, Butterstückchen und geriebenem Käse sorgfältig unter den Risotto mischen. Mit Salz und Muskat abschmecken. Topf von der heißen Kochstelle nehmen und zugedeckt ca. 5 Minuten nachziehen lassen. Vor dem Servieren gehackte Petersilie darüberstreuen.

Risotto mit Kürbisblüten

RISOTTO AI FIORI DI ZUCCA

15–20 Kürbisblüten
150 g roher luftgetrockneter
Schinken
4 EL Butter
2 EL Olivenöl
2 EL gehackte Petersilie
450–500 g italienischer
Rundkornreis
³⁄₄ l Geflügelbrühe
Salz
Pfeffer aus der Mühle
50–70 g geriebener Parmesan

Aus Kürbisblüten – übrigens kann man nur die männlichen Blüten essen – lassen sich delikate Gerichte zubereiten. Am bekanntesten sind in Teig ausgebackene Kürbisblüten, aber sie schmecken auch sehr apart mit einer Füllung aus Parmesan, Semmelbröseln, Petersilie und Anchovis. Kleingehackt und in Olivenöl angebraten sind sie idealer Bestandteil einer Pastasauce oder eines Risotto.

Kürbisblüten putzen, Stiele und Stempel entfernen. Anschliessend unter fließendem kaltem Wasser gründlich waschen. Gut abtropfen lassen, dann kleinschneiden. Schinken in kleine Würfel schneiden. 3 Eßlöffel Butter und Öl erhitzen. Schinken und Petersilie bei kleiner Hitze ca. 4 Minuten andünsten. Reis zufügen und unter Rühren mitdünsten.

Nach und nach die heiße Brühe zum Reis gießen. Dabei immer warten, bis die Flüssigkeit fast ganz eingekocht ist. Nach etwa 10 Minuten Kürbisblüten zufügen und unter den Risotto mischen, mit Salz und Pfeffer abschmecken.

Nach ca. 20 Minuten Garzeit Topf von der heißen Herdplatte nehmen. Restliche Butter und die Hälfte des geriebenen Käses untermischen. Risotto zugedeckt 5 Minuten durchziehen lassen. Mit dem restlichen Reibkäse servieren.

Für 4 bis 6 Personen

Auch wenn Risotto nie einen solchen Siegeszug in Süditalien verzeichnen konnte wie umgekehrt Pasta im Norden, ist Reis heute doch ein fester Bestandteil der italienischen Küche. Richtig populär sind Risotti jedoch nach wie vor in der Lombardei und Venetien. Keine andere Stadt hat soviel verschiedene Risotti kreiert wie Venedig. Die Gründe dafür sind in der Geschichte der Seerepublik zu suchen, war hier durch den Handel mit dem Orient Reis als Gericht schon im Hochmittelalter bekannt. Auf den Speisekarten der Trattorien finden Sie selbstverständlich das berühmte »risi e bisi« – ein dickflüssiger Risotto mit den ersten jungen Erbsen – und andere Risotti mit Gemüse, etwa mit Spargeln, Artischocken, Zucchini oder Radicchio. Daneben existieren zahllose Varianten mit Fisch und Meersfrüchten – eigentlich gibt es in und um Venedig keine Produkte, die nicht schmackhaft zu einem Risotto verarbeitet werden.

Risotto mit Käse

RISOTTO AL FORMAGGIO

je 250 g Brokkoli und Romanesco
Salz
1 reife Fleischtomate
2 Schalotten
2 EL Butter
1 EL Olivenöl
450–500 g Rundkornreis (Vialone oder Arborio)
¹/₄ l trockener Weißwein
ca. ³/₄ l Gemüsebrühe
(Würfel oder Instant)
2 EL Olivenöl
2 Knoblauchzehen
Salz
Pfeffer aus der Mühle
150 g Gorgonzola
50 g Mascarpone
50 g geriebener Peccorino oder Parmesan

Brokkoli und Romanesco in kleine Röschen teilen. Brokkolistrunk schälen und in Scheiben schneiden. In siedendem Salzwasser bißfest garen. Herausnehmen, kalt abschrecken und gut abtropfen lassen. Tomate ebenfalls kurz überbrühen, kalt abschrecken und enthäuten. Dann halbieren, entkernen und in kleine Würfel schneiden.

Feingehackte Schalotten im mittelheißen Fett glasig dünsten. Reis zufügen und mitdünsten. Mit Wein ablöschen und vollständig einkochen lassen. Nach und nach die heiße Brühe dazugießen und immer wieder einkochen lassen.

Brokkoli und Romanesco im mittelheißen Fett unter Wenden braten. Mit gepreßtem Knoblauch, Salz und Pfeffer abschmecken. Gebratenes Gemüse und Tomatenwürfel unter den bißfest gegarten Risotto (nach ca. 20 Minuten) mischen und nur noch durchziehen lassen. Gorgonzola und Mascarpone vermengen. Unter den Reis mischen oder einfach nur auf dem Risotto verteilen. Geriebenen Käse dazu servieren.

Für 4 bis 6 Personen

Venedig 95
J. Stier

Safran, die getrockneten Narben des Crocus sativus, ist das teuerste Gewürz und war schon immer ein Zeichen von Wohlstand. Safran paßt wunderbar zu Reisgerichten (da kommt besonders gut die leuchtendgelbe Farbe, die er Speisen verleiht, zur Geltung), harmoniert aber auch sehr gut mit Fischsuppen und Kürbis und wird in jüngster Zeit auch

einem Nudelteig zugegeben. Seien Sie vorsichtig, wenn Sie das Gewürz pulverisiert kaufen und vor allem wenn es Ihnen dann noch preisgünstig erscheint: das deutet eher darauf hin, daß Safran mit Cumin und Kurkuma gestreckt wurde.

Safranrisotto mit Möhren

RISOTTO AL ZAFFERANO CON LE CAROTE

1 große Zwiebel
2 EL Olivenöl
2 Knoblauchzehen
250 g Möhren
400 g Rundkornreis
1 Döschen Safran
$^1/_4$ l Weißwein
$^1/_4$ l Fleischbrühe
Salz
Pfeffer aus der Mühle
1 Bund Basilikum
100 g frisch geriebener
Parmesankäse

Die Zwiebel schälen, fein hacken und in heißem Olivenöl dünsten. Den Knoblauch schälen und dazupressen. Die Möhren schälen und grob raspeln, zufügen und alles gut dünsten.

Den Reis einschütten und rühren, bis alle Körnchen von einem Fettfilm umgeben sind. Den Safran einstreuen und mit Weißwein und Fleischbrühe aufgießen. Salzen, pfeffern und zugedeckt in 25 Minuten bei milder Hitze garen.

Das Basilikum abbrausen, die Blättchen von den Stengeln zupfen. Den Parmesan nach Ende der Garzeit in den Risotto rühren und das Basilikum darauf streuen.

Tomatenrisotto

RISOTTO AL POMODORO

100 g Zwiebeln
4 EL Butter
300 g italienischer Rundkornreis,
z.B. Arborio
700 g vollreife Tomaten
200 ml trockener Weißwein
700 ml Fleisch- oder
Gemüsebrühe (Instant)
½ Bund frischer Oregano
(ersatzweise ½ TL getrocknete
Blättchen)
½ Bund glatte Petersilie
Pfeffer aus der Mühle
50 g geriebener Parmesan

Die Zwiebeln abziehen und in feine Würfel schneiden. Die Hälfte der Butter erhitzen und die Zwiebeln darin glasig dünsten. Den Reis zufügen und unter Rühren andünsten, bis alle Reiskörner von einem leichten Fettfilm überzogen sind.

Die Tomaten überbrühen, kalt abschrecken und häuten. Die Früchte vierteln, die Stielansätze herausschneiden und das Fruchtfleisch würfeln. Zum Reis geben. Den Weißwein angießen, bei mittlerer Hitze unter ständigem Rühren einköcheln. Die Flüssigkeit sollte vollkommen aufgesogen sein. Nach und nach die Brühe dazugießen. Zwischendurch immer wieder warten, bis die Flüssigkeit aufgenommen wurde. Öfters umrühren.

Die Käuter waschen, trockenschwenken und fein hacken. Wenn der Risotto fertig ist, d.h. die Reiskörner weich sind, aber noch einen festen Kern haben, die Kräuter unterziehen.

Den Topf vom Herd nehmen und die restliche Butter zusammen mit dem Käse untermischen.

Das A und O bei der Zubereitung eines Risotto ist Geduld. Bräunen Sie die Körner erst in Olivenöl oder Butter an, dann werden sie mit etwas Wein und Brühe abgelöscht und danach kommen allmählich erst die Zutaten hinein. Der Reis muß ganz langsam bei kleiner Hitze köcheln. Weitere Flüssigkeit wird langsam nach und nach zugegeben, aber immer erst wenn alle vorangegangene aufgenommen ist. Rühren Sie immer wieder um – ein Risotto ist kein Gericht, das sich von allein kocht –, aber der unvergleichliche Geschmack entschädigt für die Mühe.

Pizza, Gnocchi und pikante Kuchen

Ich könnte nicht entscheiden, ob Pizza oder Spaghetti das bekannteste italienische Gericht sind. Fest steht allerdings, daß die Pizza auf ihrem Siegeszug durch die Welt viel von ihrem ursprünglichen Charakter verloren hat. Schließlich gibt es in Italien eigens den Beruf des Pizzabäckers, der in einem speziellen Ofen wunderbar dünne, lecker belegte Böden zubereitet, die nichts gemeinsam haben mit solchen teigigen, dicken Produkten, die man in manchen – meist amerikanischen – Imbissen bekommt. Doch keine Sorge: die Pizza, die Sie nach einem der folgenden Rezepte zubereiten, schmeckt auch aus dem normalen Backofen. Machen Sie am besten gleich etwas mehr Teig – dann gibt es am nächsten Tag noch ein Pizzabrot oder eine »focaccia«, einen würzigen Fladen.

Wahre Meister sind einfach die neapolitanischen Pizzabäcker. Sie bekommen das Rezept für die richtige Konsistenz des Teiges von ihren Vätern vererbt und vor allem verfügen sie über den unentbehrlichen Pizzaofen. Doch nach dem hier angegebenen Teig gelingt Ihnen auch eine Pizza daheim. Überraschen Sie damit das nächste Mal Ihre Freunde (die Zutatenmenge läßt sich problemlos verdoppeln) oder reichen Sie sie in kleinen Stücken zum Aperitif. Keine Sorge, falls sie zuviel gemacht haben – sie schmeckt auch kalt gut.

Zwiebelpizza

PIZZA CON LE CIPOLLE

Für den Teig:
20 g Hefe
ca. $\frac{1}{4}$ l lauwarmes Wasser
400 g Weizenmehl
$\frac{1}{2}$ TL Salz

Für den Belag:
3 große Gemüsezwiebeln
4 große Fleischtomaten
12 eingelegte Sardellenfilets
12 schwarze Oliven
4 Knoblauchzehen
200 g Mozzarella
2 EL Olivenöl
Pfeffer aus der Mühle
2 TL Oregano
Olivenöl zum Bestreichen
des Backblechs

Die Hefe zerbröckeln und in einer Tasse mit lauwarmem Wasser auflösen. Mit etwa 100 g Mehl vermengen und zu einem nicht zu festen Vorteig kneten. Diesen 30 Minuten zugedeckt gehen lassen. Das restliche Mehl mit einer Prise Salz vermischen und auf eine Arbeitsplatte sieben. In der Mitte eine Mulde formen und den Vorteig hineingeben. Das Mehl mit dem Vorteig verkneten, das restliche Wasser nach und nach zufügen und zu einem Teig verarbeiten, dabei mehrmals fest auf die Arbeitsfläche schlagen. Den Teig zugedeckt an einem warmen Ort so lange gehen lassen, bis er doppelt so groß ist.

Für den Belag die Gemüsezwiebeln schälen, in dünne Scheiben schneiden und anschließend in Ringe teilen. Die Fleischtomaten am Stielansatz kreuzförmig einschneiden, etwa 3 Minuten in kochendes Wasser geben und häuten. Die Tomaten in kleine Würfel schneiden, in eine Schüssel geben und das Fruchtfleisch zusammen mit den Kernen im Mixer pürieren.

Die eingelegten Sardellenfilets der Länge nach halbieren. Die Oliven wenn nötig entsteinen. Die Knoblauchzehen schälen, durch die Knoblauchpresse drücken und unter die Tomaten mischen. Die Mozzarella abtropfen lassen und in etwa $\frac{1}{2}$ cm dicke Scheiben schneiden.

Den Hefeteig vierteln, die Teigstücke mit den Händen flachklopfen und zu runden Fladen formen. Zwei Backbleche mit Olivenöl bestreichen, mit jeweils zwei Fladen belegen und diese mit
einem Nudelholz ausrollen; die Fladen dürfen nicht zu dick sein.
Die Pizzafladen mit etwas Olivenöl bestreichen und das
Tomatenpüree gleichmäßig darauf verteilen. Mit Zwiebelringen,
Sardellenfilets und schwarzen Oliven belegen, mit Pfeffer und
Oregano würzen und zum Schluß mit Mozzarellascheiben
bedecken. Die Pizza im auf 180 Grad vorgeheizten Backofen auf
der mittleren Schiene etwa 30 Minuten backen.

*Diese Pizza ist ideal für die Vegetarier in Ihrem Freun-
deskreis. Verzichten Sie in die-sem Fall auf die Sardellenfilets.
Sie können statt Brokkoli (oder zusätzlich) die verschiedensten
Gemüsesorten verwenden. Blu-menkohl, Brokkoli oder Artischockenböden sollten Sie in kochendem Wasser kurz blanchieren. Zucchini, Spinat, Rucola oder Pilze können Sie
gleich roh auf den Boden geben.*

85

In Neapel ist Pizza bis heute ein preiswerter Imbiß, den man gut und schnell auf der Straße verzehren kann. Das erklärt, warum man hier eher kleinere Stücke bevorzugt als sonst üblich. Pizza wurde in Neapel ursprünglich an Buden verkauft, später kamen dann noch Bänke dazu, und man konnte sich zum Essen hinsetzen. Etliche davon entwickelten sich ab der Mitte des letzten Jahrhunderts nach und nach in respektable Pizzerias.

Pizza mit Thunfisch und Spinat

PIZZA CON TONNO E SPINACI

Für den Pizzateig:
1 kg Weizenmehl
2 TL Salz
40 g frische Hefe
knapp ¹/₂ l lauwarmes Wasser
Öl zum Einfetten des Backblechs

Für den Belag:
1 kg Spinat, 2 Zwiebeln
Salz
10 EL Olivenöl
Pfeffer aus der Mühle
2 Dosen Thunfisch (je 100 g)
2 Bund Petersilie
12 frische Basilikumblätter
200 g frisch geriebener Parmesan
100 g gehackte Pinienkerne

Für den Teig das Mehl in einer Schüssel mit dem Salz vermischen. In die Mitte eine Vertiefung drücken. Die Hefe hineinbröckeln und mit der Hälfte des Wassers und etwas Mehl zu einem Vorteig verrühren. Zugedeckt an einem warmen Ort 15 Minuten aufgehen lassen.
Mit dem restlichen Wasser zu einem glatten Teig verarbeiten und so lange schlagen, bis er sich vom Schüsselboden löst. Zugedeckt 1 Stunde an einem warmen Ort aufgehen lassen.
Den aufgegangenen Teig zu einem rechteckigen Laib formen und auf das eingefettete Blech legen. Flachdrücken, so daß der Teig das ganze Blech bedeckt, und nochmals 1 Stunde gehen lassen. Für den Belag den Spinat waschen und tropfnaß mit etwas Salz kurz aufkochen. Gut abtropfen lassen und fein wiegen. Die geschälten Zwiebeln würfeln und in 4 Eßlöffeln Öl glasig dünsten. Den Spinat hinzufügen. Mit Salz und Pfeffer abschmecken. Die Zwiebel-Spinat-Mischung auf der Teigplatte verteilen. Mit dem zerkleinerten Thunfisch belegen. Mit feingehackter Petersilie, streifig geschnittenen Basilikumblättern, Salz und Pfeffer würzen. Mit Parmesan und Pinienkernen bestreuen und mit dem restlichen Öl beträufeln. Auf der mittleren Schiene im vorgeheizten Backofen geben und 20 Minuten bei 250 Grad backen.
Für 8 Personen

Pizza mit Tomaten und Mozzarella

PIZZA MARGHERITA

Für den Pizzateig:
500 g Weizenmehl
1 TL Salz
20 g frische Hefe
knapp ¼ l lauwarmes Wasser
Öl zum Einfetten des Backblechs

Für den Belag:
500 g sehr reife Tomaten
oder 1 kleine Dose Tomaten (400 g)
8 Sardellenfilets, gewässert
300 g Mozzarella
8 Basilikumblätter
Salz, Pfeffer aus der Mühle
etwas zerriebener Oregano
8 EL Olivenöl
4 EL frisch geriebener Parmesan

Für den Teig das Mehl in einer Schüssel mit dem Salz vermischen. In die Mitte eine Vertiefung drücken. Die Hefe hineinbröckeln und mit der Hälfte des Wassers und etwas Mehl zu einem Vorteig verrühren. Zugedeckt an einem warmen Ort 15 Minuten aufgehen lassen.

Mit dem restlichen Wasser zu einem glatten Teig verarbeiten und so lange schlagen, bis er sich vom Schüsselboden löst. Zugedeckt 1 Stunde an einem warmen Ort aufgehen lassen.

Aus dem Teig vier Kugeln formen. Jede Kugel flachdrücken, so daß ein Kreis mit einem Rand entsteht. Zugedeckt nochmals 1 Stunde gehen lassen.

Für den Belag die Tomaten blanchieren, enthäuten und ohne die Blütenansätze in Stückchen schneiden. Dosentomaten gut abtropfen lassen und zerdrücken. Die Sardellen fein hacken. Das Backblech mit Öl einfetten. Die vier Teigkreise auf das Backblech geben, mit den Tomaten bedecken und mit den Sardellen belegen. Die Mozzarella in Scheiben schneiden und darüber verteilen. Mit den streifig geschnittenen Basilikumblättern, Salz, Pfeffer und etwas Oregano würzen. Jede Pizza mit 2 Eßlöffeln Olivenöl beträufeln und mit dem Parmesan bestreuen.

Auf die mittlere Schiene in den vorgeheizten Backofen geben und bei 250 Grad 10 Minuten backen.

Als Königin Margherita von Savoyen 1889 nach Neapel kam, wollte sie unbedingt das Gericht probieren, von dem sie soviel gehört hatte. Da sie schlecht in eine Pizzeria gehen konnte, kam der Pizzabäcker zu ihr. Von den drei verschiedenen Pizzas, die er ihr bereitete, war ihr absoluter Favorit die mit Tomaten, Mozzarella und Basilikum – den Farben Italiens. Das war die Geburtsstunde der Pizza Margherita.

Es gibt natürlich verschiedene Arten, Calzone zu füllen. Besonders üppig liebt man es in Neapel mit einer Füllung aus Salami, Schinken, Mozzarella, Ricotta und Parmesan. In Apulien kommen Zwiebeln, Tomaten, Anchovis und Kapern in die Calzone, während für die Basilikata mit Peperoncini gewürzter Mangold typisch ist.

Gedeckte Pizza

CALZONE

Für den Teig:
500 g Mehl, 1 TL Salz
1 Würfel frische Backhefe (ca. 40 g)
knapp ¼ l lauwarmes Wasser
3 EL Olivenöl
Mehl zum Ausrollen
Fett für das Blech

Für den Belag:
500 g passierte Tomaten (Fertigprodukt)
1 Bund glatte Petersilie
1 Bund Basilikum
Salz, Pfeffer aus der Mühle
200 g Speckscheiben
500 g Spinat, 2 Knoblauchzehen
2–3 feste Fleischtomaten (ca. 500 g)
250 g Mozzarella
Olivenöl zum Beträufeln

Für den Teig Mehl und Salz in einer Schüssel vermischen. Hefe im lauwarmen Wasser auflösen. Mit dem Öl zum Mehl geben und alles zu einem weichen, elastischen Teig verkneten. Zugedeckt bei Zimmertemperatur einige Zeit gehen lassen.

Für den Belag passierte Tomaten mit feingehackten Kräutern und Gewürzen zu einer dicken Paste einkochen, dann gut auskühlen lassen. Speck in feine Streifen schneiden und in einer beschichteten Pfanne knusprig ausbraten. Auf einem Küchenpapier entfetten und auskühlen lassen. Den geputzen und gründlich gewaschenen Spinat bei mittlerer Hitze zugedeckt zusammenfallen lassen. In ein Sieb geben und gut auspressen. Dann mit dem durchgepreßten Knoblauch, Salz und Pfeffer würzen.

Den Teig in sechs Portionen auf einer leicht bemehlten Arbeitsfläche rund ausrollen und auf ein gefettetes Backblech legen. Jeweils zuerst mit der Tomatenpaste bestreichen, dabei einen ca. 2 cm breiten Rand frei lassen. Dann Tomatenscheiben, Spinat, Speck und in Scheiben geschnittene Mozzarella auf je einer Teighälfte verteilen. Die andere Hälfte darüberschlagen und die Ränder gut zusammendrücken. Die Calzoni in der unteren Hälfte des vorgeheizten Backofens bei 240 Grad ca. 40 Minuten backen. Noch heiß mit Öl beträufeln und sofort servieren. Für 6 Personen

Spinatpizza

PIZZA AI SPINACI

Für den Teig:
450 g Mehl
1 TL Salz
$^1/_2$ Würfel frische Backhefe (ca. 20 g)
knapp $^1/_4$ l lauwarmes Wasser
3 EL Olivenöl
Mehl zum Ausrollen
Olivenöl fürs Blech und zum Bepinseln

Für den Belag:
1 kg Spinat
Salz
Pfeffer aus der Mühle
frisch geriebene Muskatnuß
200 g Mozzarella
50 g geriebener Pecorino oder Parmesan

Für den Teig Mehl und Salz in einer Schüssel vermischen. Hefe im Wasser auflösen und mit dem Öl zum Mehl geben. Alles zu einem glatten Teig verkneten. Zugedeckt bei Zimmertemperatur etwa ums Doppelte gehen lassen. Oder: In eine feste Plastiktüte geben, locker verschließen und über Nacht im Kühlschrank gehen lassen.

Für den Belag Spinat verlesen, grobe Stiele entfernen, gründlich waschen und zugedeckt bei mittlerer Hitze zusammenfallen lassen. In einem Sieb gut abtropfen und auskühlen lassen. Mit Salz, Pfeffer und Muskat würzen.

Den Teig auf einer bemehlten Arbeitsfläche ausrollen und ein geöltes Backblech damit belegen. Den Teigboden mit einer Gabel mehrmals einstechen und mit wenig Öl bepinseln.

Zuerst den Spinat, dann die in Scheiben geschnittenen Mozzarella auf dem Teigboden verteilen. Zuletzt geriebenen Käse darüberstreuen. Spinatpizza sofort im unteren Teil des vorgeheizten Backofens bei 240 Grad ca. 20 Minuten backen.

Wenn man die heutige italienische Küche anschaut, möchte man nicht meinen, daß Spinat erst seit Mitte des 18. Jahrhunderts in Italien heimisch ist. Grundsätzlich wird hier Wurzelspinat angebaut. Vor dem Kochen werden die Wurzelenden abgeschnitten, dann sollten Sie den Spinat sehr gründlich waschen und tropfnaß, ohne weiteres Wasser zuzugeben, kurz kochen, bis er zusammenfällt. Einfach mit etwas Olivenöl und Knoblauch abschmecken. Ansonsten lassen sich aus Spinat die verschiedensten Nudelfüllungen zubereiten.

Der wichtigste Bestandteil neapolitanischer Küche ist die Tomate. Egal ob als Pastasauce oder als Pizzaaufstrich – der Geschmack sonnengereifter Tomaten ist so präsent, daß man sich gar nicht vorstellen kann, wie die Neapolitaner jemals ohne sie zurecht gekommen sind. Neapel ist eine Stadt voller Lebenslust und Fröhlichkeit; hier findet, auch im Winter, das Leben auf der Straße statt. Mitten in dem Stimmengewirr und Gehupe bieten Imbißstände leckere Kleinigkeiten an. Planen Sie unbedingt für Neapel mehrere Tage ein. Wenn Sie die Sehenswürdigkeiten der Stadt besichtigt haben, können Sie leicht von dort aus die lohnendsten Ziele Kampaniens erreichen. Ein Ausflug nach Capri, der Vesuv, die Ausgrabungen von Herculaneum und Pompeji sollten nicht auf Ihrem Programm fehlen. Und bei der Weiterfahrt Richtung Süden führt Sie der Weg über Sorrent und das malerische Positano nach Paestum, eine der bedeutendsten archäologischen Ausgrabungen überhaupt, einen

Pizza Napolitana

Für den Teig:
20 g Hefe
ca. $^1/_4$ l lauwarmes Wasser
400 g Weizenmehl, $^1/_2$ TL Salz

Für den Belag:
200 g junge, kleine Zucchini
3 Knoblauchzehen
1 nußgroßes Stück Butter
6 italienische Eiertomaten
1 große Gemüsezwiebel
6 EL Olivenöl
100 g aufgeschnittene Mailänder Salami
100 g frisch geriebener Pecorino
Pfeffer aus der Mühle
1–2 TL Oregano

Die Hefe zerbröckeln, in der Hälfte des Wassers auflösen, mit etwa 100 g Mehl vermischen und zu einem nicht zu festen Teig verarbeiten. Diesen Vorteig etwa 30 Minuten lang gehen lassen. Das Salz mit dem restlichen Mehl vermischen, auf eine Arbeitsplatte sieben, in der Mitte eine Mulde formen und den Vorteig in die Mulde geben. Mehl und Vorteig miteinander verkneten, das restliche lauwarme Wasser nach und nach hinzufügen und zu einem geschmeidigen Teig verarbeiten; dafür den Teig zwischendurch mehrmals auf den Tisch schlagen. Mit einem Tuch bedecken und an einem warmen Ort so lange gehen lassen, bis er doppelt so groß geworden ist.

Für den Belag Zucchini waschen, Blüten- und Stielende entfernen und der Länge nach in etwa $^1/_2$ cm dicke Scheiben schneiden.

Die Knoblauchzehen schälen, kleinhacken und mit der Messerbreitseite zerdrücken. Knoblauch mit wenig Butter in eine Pfanne geben und die Zucchinischeiben kurz darin anbraten. Die Tomaten kreuzweise einschneiden, kurz in kochendes Wasser tauchen und enthäuten. Den grünen Stielansatz entfernen und in etwa $^1/_2$ cm dicke Scheiben schneiden. Die Zwiebel schälen und in dünne Scheiben schneiden.

Den Pizzateig vierteln, die Teigstücke mit den Händen flachklopfen und zu Fladen formen. Zwei Backbleche mit etwas von dem Olivenöl bestreichen, mit jeweils zwei Fladen belegen und diese mit dem Nudelholz noch etwas ausrollen.

Die Teigfladen zuerst mit den Salamischeiben belegen. Anschließend die Zucchini-, Zwiebel- und schließlich die Tomatenscheiben darauf verteilen. Zum Schluß mit geriebenem Pecorino bestreuen. Mit frisch gemahlenem Pfeffer und Oregano würzen und das restliche Olivenöl darauf verteilen.

Die fertig belegten Pizze nacheinander auf der mittleren Schiene in den vorgeheizten Backofen geben und bei 180 Grad etwa 30 Minuten backen. Sofort servieren.

Sonnenuntergang, der die fast 2600 Jahre alten Tempel in ein fast überirdisches Licht taucht, bleibt einfach unvergeßlich.

Probieren Sie auch einmal diese Variante: Kürbis wie beschrieben garen und pürieren. 200 bis 250 g Mehl, 2 verquirlte Eier und 3 Eßlöffel Sahne unter das Kürbismus mischen, salzen und pfeffern. Aus der Masse Gnocchi formen und in Salzwasser garen. Einen Bund feingehackte, gemischte Kräuter in 3 Eßlöffel Butter kurz dünsten und über die fertigen Gnocchi verteilen. Mit Parmesan bestreuen.

Kürbisgnocchi mit Tomatensauce

GNOCCHI DI ZUCCA CON SUGO DI POMODORO

Für die Gnocchi:
ca. 750 g Kürbis
250 g Ricotta
150 g geriebener Parmesan
1 Ei
150–200 g Mehl
Salz
Pfeffer aus der Mühle
Muskat
Fett für die Form
einige Butterstückchen

Für die Sauce:
500 g Fleischtomaten
1 EL Olivenöl
Salz, Pfeffer
1 Bund Basilikum

Kürbis in Schnitze schneiden, Kerne entfernen. Auf ein mit Folie oder Backpapier belegtes Backblech legen. In der Mitte des auf 170 Grad vorgeheizten Backofens ca. 50 Minuten backen (bis er richtig weich ist). Dann Schale entfernen und Kürbis pürieren. Mus in einem feinmaschigen Sieb gut abtropfen lassen (ergibt ca. 300 g).

Kürbismus mit Ricotta, 75 g geriebenem Käse und Ei vermischen. So viel Mehl beigeben, daß der Teig nicht mehr klebt, aber noch weich ist, und würzen. Mit zwei Teelöffeln Klößchen formen und portionsweise in kochendem Salzwasser ziehen lassen. Sobald die Gnocchi an die Oberfläche steigen, mit einer Schaumkelle herausnehmen und in eine gefettete feuerfeste Form geben.

Für die Sauce Tomaten kurz überbrühen, enthäuten, vierteln und entkernen. Fruchtfleisch in Würfel schneiden. Im heißen Öl kurz dünsten. Mit Salz, Pfeffer und geschnittenem Basilikum abschmecken. Sauce über die Gnocchi verteilen und den restlichen Reibkäse sowie einige Butterstückchen darüberstreuen. Gnocchi in der Mitte des auf 220 Grad vorgeheizten Backofens 15 bis 20 Minuten überbacken.

Kartoffelgnocchi

GNOCCHI DI PATATE

Für die Gnocchi:
1 kg mehligkochende Kartoffeln
150 g Magerquark
150 g blanchierter Spinat
150 g Mehl
50 g Grieß
2 Eigelb
Salz
Pfeffer aus der Mühle
frisch geriebene Muskatnuß
Fett für die Form

Für die Sauce:
75 g Butter
frische Salbeiblätter
$^{1}/_{2}$ Bund glatte Petersilie
2 Knoblauchzehen
100 g geriebener Parmesan zum Bestreuen

Alle Regionen im Norden Italiens haben ihre Gnocchispezialitäten. Die meisten Gnocchi werden aus pürierten Kartoffeln zubereitet und mit geschmolzener Butter, Tomatensauce oder Pesto serviert. Gnocchi aus püriertem Kürbis serviert man in den Provinzen von Brescia und Mantua, während man in der Emilia-Romagna eine Variante aus Spinat, Ricotta und Mehl bevorzugt. Ausgefallen sind Gnocchi aus restlicher Polenta oder gekochtem Reis.

Kartoffeln in der Schale weich kochen, gut ausdampfen lassen, noch heiß schälen und sofort durch die Kartoffelpresse drücken.

Quark und Spinat in einem Baumwolltuch gut auspressen. Mit Mehl, Grieß und Eigelben zu den durchgedrückten Kartoffeln geben. Alles zu einem feuchten, formbaren Teig verkneten. Falls der Teig zu klebrig ist, noch etwas Mehl daruntermischen. Mit Salz, Pfeffer und Muskat abschmecken.

Aus dem Teig runde Plätzchen formen und portionsweise in reichlich siedendem Salzwasser ziehen lassen. Sobald die Gnocchi an die Oberfläche steigen, mit einer Schaumkelle herausnehmen und in eine gut gefettete feuerfeste Form geben.

Butter in einem Topf schmelzen. Feingeschnittene Kräuter und durchgepreßten Knoblauch zugeben und kurz mitdünsten. Die Sauce über die Gnocchi gießen. Mit geriebenem Käse bestreuen und in der Mitte des vorgeheizten Backofens bei 220 Grad. ca. 12 Minuten überbacken.

Wenn Sie mehr Kalorien nicht scheuen, paßt zu den Spinatgnocchi noch eine Käse-Béchamel-Sauce. Anstelle von Ricotta können Sie auch 250 g Semmelbrösel verwenden. Das italienische »malfatti« heißt wörtlich übersetzt »schlecht-gemacht«. Das bezieht sich in diesem Fall auf die Zubereitung, denn die Gnocchi werden hier nur abgestochen und haben eine unregelmäßige Form.

Spinatgnocchi

MALFATTI

1 kg Spinat
300 g Ricotta
100 g geriebener Parmesan
2 Eier, 1 Eigelb
2 EL gehackte glatte Petersilie
Salz
Pfeffer aus der Mühle
frisch geriebene Muskatnuß
ca. 200 g Mehl
Fett für die Form
geriebener Parmesan
einige Butterstückchen

Spinat verlesen, grobe Stiele entfernen und gründlich waschen. Die tropfnassen Blätter bei mittlerer Hitze zugedeckt zusammen-fallen, dann in einem Sieb abtropfen lassen. Gut auspressen und fein hacken.

Spinat, gut ausgepreßte Ricotta, geriebenen Käse, verquirlte Eier, Eigelb, gehackte Petersilie und Gewürze in einer Schüssel mischen. So viel Mehl unter die Masse mischen, daß ein ge-

schmeidiger, feuchter Teig entsteht. Mit einem Löffel von der Masse nußgroße Klößchen abstechen, in Mehl wenden und auf ein mit Mehl bestäubtes Brett legen.

Die Gnocchi portions-weise in siedendem Was-ser (ohne Salz, damit sie nicht hart werden) garen. Sobald sie an die Ober-fläche steigen, mit einer Schaumkelle herausneh-men. Die Gnocchi in eine gefettete feuerfeste Form geben. Jede Lage mit ge-riebenem Käse und Butterstückchen bestreuen. Den Käse dann im vorgeheizten Backofen bei 220 Grad schmelzen lassen.
Für 6 Personen

Ausgebackene Kürbisblüten

FIORI DI ZUCCA FRITTATI

20 – 24 Kürbisblüten

Für den Teig:
150 g Mehl
2 Eigelb
$^{1}/_{8}$ l Wasser
$^{1}/_{8}$ l trockener Weißwein
2 EL Olivenöl
Salz
Pfeffer aus der Mühle
2 Eiweiß
1 Msp. Backpulver
Fritierfett

*I*ch mische noch 2 Eßlöffel feingehackte Petersilie unter den Teig. Und wenn es sättigender sein soll, fülle ich die vorbereiteten Blüten mit 150 g Mozzarella und kleingehackten Anchovis. Anschließend durch den Teig ziehen und ausbacken wie im Rezept beschrieben.

Kürbisblüten möglichst nicht waschen, nur gut ausschütteln. Stiele zurückschneiden und die Blütenstempel entfernen.

Für den Teig aus Mehl, Eigelben, Wasser, Wein, Öl und den Gewürzen einen dünnflüssigen Teig rühren. 30 Minuten zugedeckt bei Zimmertemperatur quellen lassen.

Kurz vor dem Ausbacken Eiweiße mit Backpulver steif schlagen und sorgfältig unter den Teig mischen.

Vorbereitete Blüten nacheinander durch den Teig ziehen und sofort im heißen Fett bei 180 Grad goldgelb ausbacken. Auch Küchenpapier abtropfen lassen. Dann lauwarm mit einer Tomatensauce servieren.

Für 4 bis 6 Personen

Meine erste Reise nach Florenz hatte einen ganz eigenen Reiz. Kurz nach dem Abitur beschlossen meine Freundin und ich eine Fahrradtour durch die Toskana zu machen. Irgendwie war uns beiden nicht so recht klar, wie hügelig das Chianti-Classico-Gebiet wirklich ist. Zumindest in Florenz kamen wir mit der Bahn samt unserer Räder sicher an. Wir fanden sogar die Jugendherberge am Stadtrand und hatten die nächsten Tage großen Spaß daran, die Stadt per Fahrrad zu erkunden. Aber wir wollten ja weiter. Wenn ich heute mit dem Auto diese Strecke fahre, sehe ich uns vor mir: Wir brauchten zwei Tage von Florenz nach Siena. Schließlich waren wir auch nicht mit irgendwelchen Trekking Bikes unterwegs, sondern mit völlig normalen Rädern mit 3-Gang-Schaltung. Und die Sonne schien erbarmungslos. Immerhin lernte ich so Tavarnelle kennen und viele andere kleine Orte. Kurz vor Siena waren wir völlig am Ende und sehr froh, daß sich ein Lieferwagen mit Bananen

Florentiner Pastete

PASTICCIO FIORENTINO

Für den Teig:
500 g tiefgekühlter Blätterteig

Für die Füllung:
500 g Spinat
2 Schalotten
2 Knoblauchzehen
2 EL Butter
Pfeffer aus der Mühle
Salz
frisch geriebene Muskatnuß
getrockneter Majoran
je 200 g Shiitake, Austernpilze und Champignons
Saft und Schale von $^1/_2$ unbehandelten Zitrone
2–3 EL Mehl
gut $^1/_8$ l Sahne
500 g Speisequark (40% Fett i. Tr.)
2 Eier
2 EL Milch
1 Eigelb

Den Blätterteig in 20 Minuten auftauen lassen. Dann zwei Drittel des aufgetauten Teiges ausrollen. Eine beschichtete, kalt ausgespülte Springform (30 cm Durchmesser) damit auslegen. Der Teig soll dabei über den Rand hinausragen. Den Teigboden mit einer Gabel mehrmals einstechen und mit Semmelbröseln bestreuen. Restlichen Teig als Deckel ausrollen. Form und Deckel bis zur Verwendung zugedeckt in den Kühlschrank stellen.

Für die Füllung Spinat verlesen, grobe Stiele entfernen, gründlich waschen und gut abtropfen lassen. Gehackte Schalotten und Knoblauch in 1 Eßlöffel Butter andünsten. Spinat zufügen und zugedeckt zusammenfallen lassen Mit Salz, Pfeffer, Muskat und Majoran abschmecken, auskühlen lassen.

Pilze putzen und in Streifen schneiden. Sofort mit Zitronensaft und -schale vermischen. In der restlichen Butter andünsten. Mehl darüberstäuben und kurz mitdünsten. Sahne dazugießen, aufkochen und die Pilze bei geringer Hitze 3 Minuten köcheln lassen. Mit den Gewürzen abschmecken und auskühlen lassen.

Quark in einem feinen Baumwolltuch gut auspressen. Mit den verquirlten Eiern, Spinat (ohne Flüssigkeit) und Pilzen vermischen, eventuell nachwürzen. Dann auf dem Teigboden verteilen. Teigrand nach innen (auf die Füllung) legen, mit Wasser bepinseln und den Deckel darauf setzen. Den Rand gut andrücken. Den Teigdeckel ebenfalls mehrmals einstechen und das mit Milch verrührte Eigelb darüberstreichen und nach Belieben mit vorher beiseite gelegten Teigresten verzieren. Sofort im unteren Teil des vorgeheizten Backofens bei 200 Grad 40 bis 50 Minuten backen. Ergibt ca. 12 Stücke

unserer erbarmte. Diese Reise ist mir heute noch ausgesprochen lebendig in Erinnerung, denn schließlich wurde da meine Liebe zur Toskana geweckt.

Eigentlich eine völlig unty-pische Crostata. Eine Crostata ist zwar immer ein Kuchen, aber normalerweise ist sie süß. Es gibt drei traditionelle Kuchen, die aber in vielen Varianten zubereitet werden: mit Ricotta in Rom, mit Marmelade in der Emilia und mit Marzipan auf Sizilien.

Crostata mit Austernpilzen und Porree

CROSTATA CON GELONI E PORRO

Für den Teig:
300 g Vollkornweizenmehl
150 g weiche Butter
Salz, Wasser

Für den Belag:
400 g Austernpilze
500 g Porree
1 Knoblauchzehe
30 g Butter
2 EL Olivenöl
Salz
Pfeffer aus der Mühle
$1/8$ l Sahne
3 Eier
50 g frisch geriebener Pecorino
Butter und Mehl für die Springform

Das Mehl auf ein Backblech geben, die Butter in kleinen Stücken darauf verteilen, salzen. So viel Wasser zugeben, daß ein geschmeidiger, nicht zu fester Teig entsteht. Gut durcharbeiten. Das Teigstück in Folie einwickeln und für 30 Minuten in den Kühlschrank stellen.

Für den Belag die Austernpilze putzen, kurz unter fließendem Wasser waschen oder mit Küchenpapier sorgfältig abwischen und in Streifen schneiden. Den Porree putzen, waschen und in etwa 1 cm breite Streifen schneiden. Die Knoblauchzehe schälen und fein hacken.

Die Butter und das Olivenöl in einer Pfanne erhitzen. Lauch, Knoblauch und Pilze darin anbraten, bis die austretende Pilzflüssigkeit eingekocht ist. Mit Salz und Pfeffer würzen.

Den Teig aus dem Kühlschrank nehmen, noch einmal durchkneten, ausrollen und in die mit Butter ausgestrichene und mit Mehl bestäubte Springform geben. Den Rand rundherum 3 cm hochziehen. Den Teig mit einer Gabel mehrmals einstechen. Den Belag auf den Teig füllen. Sahne und Eier gut verrühren und über den Belag gießen. Den Pecorino darauf streuen.

Die Form auf die mittlere Schiene des auf 180 Grad vorgeheizten Backofens geben und die Crostata etwa 40 Minuten backen.
Für 6 Personen

Focaccia mit Pilzen

FOCACCIA AI FUNGHI

Für den Teig:
400 g Mehl
25 g Hefe
lauwarmes Wasser
1 TL getrocknete italienische Kräuter
Salz
3 EL Olivenöl

Für den Belag:
200 g Champignons
250 g Eiertomaten
2 Knoblauchzehen
1 Zwiebel
3 EL Olivenöl
Pfeffer aus der Mühle
Salz
1 TL Oregano
Öl für die Springform

Focaccia ist letztlich die Urform der Pizza. Im Unterschied dazu ist der Teig einer Focaccia ähnlich wie Brotteig. Probieren Sie sie einfach mal ganz ohne etwas, nur mit Olivenöl beträufelt und mit frischem Salbei und Rosmarin – schmeckt wunderbar. In Apulien und Kalabrien sieht die Focaccia wie eine dicke Pizza aus und wird mit Mangold, Tomaten, Mozzarella und Sardinen belegt.

Aus 100 g Mehl, der Hefe und etwa 1 Tasse lauwarmem Wasser einen Vorteig rühren und ihn zugedeckt an einem warmen Ort 30 Minuten gehen lassen.

Das übrige Mehl, die getrockneten Kräuter, Salz, Olivenöl und so viel Wasser unter den Teig mischen, daß er mürb, aber nicht zu weich ist. Den Teig nochmals zugedeckt 20 Minuten gehen lassen. Eine Springform mit Öl ausstreichen und gleichmäßig mit dem Teig auslegen.

Für den Belag die Champignons putzen, kurz unter fließendem kaltem Wasser waschen oder mit Küchenpapier sorgfältig abwischen. Die Pilze in Scheiben schneiden. Die Tomaten waschen und in Scheiben schneiden. Stengelansätze entfernen. Knoblauch und Zwiebel schälen und hacken. Die Zwiebeln, Knoblauch, Pilz- und Tomatenscheiben auf den Teig legen. Die Gemüse mit Öl beträufeln und mit Pfeffer, Salz und Oregano würzen.

Die Springform auf die mittlere Schiene des auf 200 Grad vorgeheizten Backofens setzen und die Focaccia 40 bis 50 Minuten backen.

Für 6 Personen

Gemüse mit Fisch

Natürlich schmeckt fangfrischer Fisch, am Hafen selbst aus-
gesucht, unvergleichlich. Und bei einer Reise in die Mittel-
meerländer sollten Sie auf keinen Fall versäumen, einmal
dabeizusein, wenn die Fischer von ihren Fahrten zurückkom-
men und ihren Fang, in Eimern verwahrt, gleich an Ort und
Stelle verkaufen. Aber wollen Sie womöglich bis zum nächsten
Urlaub am Meer warten, bis Sie wieder Fisch essen? Ich denke
doch einmal eher nicht. Deswegen habe ich hier einige Fisch-
rezepte zusammengestellt, die sich auch ohne Schwierigkeiten
mit tiefgekühlter oder auf Eis gelagerter Ware zubereiten lassen. Mit frischen Tomaten, Knoblauch und Kräutern kommt
der Geschmack von Italien auch zu Hause auf.

Olivenbäume gedeihen in Italien von Ligurien bis in den Süden. Bereits ab Ende Mai entwickelt sich aus der unscheinbaren Blüte des Baums die Frucht, die im September ihre volle Größe erreicht hat. Geerntet wird je nach Sorte im November und Dezember. Grüne Oliven werden gepflückt, bevor sie ausgereift sind, schwarze sind überreif. Bevor sie zum Verzehr geeignet sind, müssen sie gewaschen und zur Haltbarmachung eingelegt werden. Dabei werden häufig noch Gewürze und Knoblauch für ein besonderes Aroma zugegeben.

Schollenfilets in Tomaten-Oliven-Sauce

FILETTI DI PIAMUZZA AL SUGO DI POMODORO E OLIVE

600 g Schollenfilets
Zitronensaft, Salz
Pfeffer aus der Mühle
1 Msp. gemahlener Piment
3 EL Olivenöl
1 mittelgroße Zwiebel
2 Fleischtomaten
1 TL Paprika, edelsüß
1 Glas Oliven

Die Schollenfilets waschen, trockentupfen und nebeneinander auf eine Platte legen. Mit Zitronensaft beträufeln, salzen, pfeffern und mit Piment würzen.

Die Hälfte des Olivenöls in einer breiten Pfanne erhitzen. Die Zwiebel schälen, in Würfel schneiden und in Öl glasig dünsten. Die Tomaten blanchieren, häuten, entkernen und grob hacken. In eine Pfanne geben und bei mittlerer Hitze 10 Minuten offen köcheln lassen. Mit Salz, Pfeffer und Paprika würzen.

Inzwischen die Oliven in einem Sieb abtropfen lassen, in Scheiben schneiden, unter die Tomatensauce mischen und erwärmen.

Das restliche Olivenöl in einer zweiten Pfanne erhitzen und die Schollenfilets darin 3 bis 4 Minuten braten, dabei einmal wenden. Die Schollenfilets auf einer vorgewärmten Platte anrichten und mit der Sauce überziehen.

Bunter Fischtopf

RAGÙ DI PESCE

4 Schalotten
1 Knoblauchzehe
1 kleine Stange Porree
je 1 kleine rote, gelbe und grüne Paprikaschote
2 Fleischtomaten
Salz
Pfeffer aus der Mühle
1 Zweig Thymian
1 Zweig Rosmarin
1 frisches Lorbeerblatt
$1/8$ l trockener Weißwein
4 EL Olivenöl
600 g Fischfilet, z.B. Kabeljau, Schellfisch, Scholle
Saft von $1/2$ Zitrone

Schalotten und Knoblauchzehe schälen, die Schalotten vierteln, die Knoblauchzehe fein hacken.

Den Porree putzen, unter fließendem Wasser waschen und in feine Scheiben schneiden. Die Paprikaschote waschen, halbieren und ohne Stengelansätze und Kerne in $1^1/2$ cm große Würfel schneiden. Die Tomaten blanchieren, anschließend häuten, entkernen und in Stücke schneiden.

Das Gemüse in eine flache Auflaufform geben, salzen und pfeffern und die Kräuter hinzufügen. Mit Wein und Öl begießen und zugedeckt im vorgeheizten Backofen bei 200 Grad 20 Minuten garen.

In der Zwischenzeit den Fisch waschen, trockentupfen und in 2 cm große Stücke schneiden. Mit Salz und Pfeffer würzen und mit Zitronensaft beträufeln.

Den Fisch vorsichtig unter das Gemüse mischen und in weiteren 20 Minuten fertiggaren. Kurz ruhen lassen, dann die Kräuter entfernen und das Ragout in der Form servieren.

Schon bei den Römern war Fisch beliebter als Fleisch, ja sie entwickelten sogar Fischzuchtanlagen in einigen Binnenseen, was allerdings zum Verlust des ursprünglichen Geschmacks der Fische führte. Auch heute noch werden Sie – natürlich je nach Region in unterschiedlichem Ausmaß – Fisch auf jeder Speisekarte finden. Immerhin haben die meisten Regionen Italiens Zugang zum Meer, und im Landesinnern sind Flüsse und Seen reich an Süßwasserfischen.

Badeorte an der mittleren Adria sind bei deutschen Urlaubern sehr beliebt und leider auch sehr überlaufen. Ich würde sie in der Hochsaison meiden, aber in anderen Monaten können Sie entlang der Küstenstraße Venedig-Ravenna malerische Städtchen entdecken, deren Bevölkerung noch heute überwiegend vom Fischfang lebt. Machen Sie Halt in Chioggia, einer Stadt, die wie Venedig auf einer Inselgruppe gelegen und durch eine Brücke mit dem Festland verbunden ist. Früher war Chioggia einmal eine selbständige Republik, wurde aber ab Ende des 14. Jahrhunderts von dem benachbarten Venedig beherrscht. Etwas weiter südlich kommen Sie nach Comacchio, einem Fischerstädtchen, das sich über lauter Inseln eines Lagunensees erstreckt; einst eine blühende Handelsstadt liegt die Bedeutung heute nur noch beim Tourismus und – natürlich – beim Fischfang.

Tintenfisch in grüner Sauce

SEPPIE CON SALSA VERDE

600 g kleine Tintenfische
^{1}/₄ l trockener Weißwein
^{1}/₄ l Fischfond aus dem Glas
^{1}/₈ l Wasser
1 EL Olivenöl
je 2 Zweige Kerbel und glatte Petersilie
wenig Meersalz
einige weiße Pfefferkörner
1 Prise Cayennepfeffer
1 Knoblauchzehe
4–6 Blätter Stielmangold
30 g Butter
2 EL gehackte Petersilie
2 EL gehackter Kerbel
Pfeffer aus der Mühle

Tintenfische unter fließendem Wasser waschen. Eventuell Rückenplatten und »Schnäbel« entfernen. Die Köpfchen vom Rumpf trennen und die Tintenfischkörper an den Seiten aufschneiden. Für den Sud Wein, Fischfond, Wasser, Öl, Kräuter, Salz, Gewürze und zerdrückten Knoblauch in einem weiteren Topf aufkochen. Ca. 10 Minuten offen köcheln lassen. Geputzte Tintenfische zugeben und ca. 15 Minuten bei geringer Hitze ziehen lassen. In der Zwischenzeit Stielmangold verlesen, die groben Stiele herausschneiden und anderweitig verwenden. Die Blätter waschen, in schmale Streifen schneiden und unter Wenden in der heißen Butter ca. 10 Minuten dünsten. Gehackte Kräuter und eine Tasse heißen Fischsud dazugießen und alles weitere 5 Minuten köcheln lassen. Einen Teil der Sauce im Mixer pürieren und mit Salz und Pfeffer abschmecken. Dann auf einer Platte anrichten und die Tintenfische darauf verteilen. Reichlich Pfeffer aus der Mühle darübermahlen.

Syrakus kann man mit Recht als Zentrum der sizilianischen Fischküche betrachten. Egal ob Salz-, Süßwasserfische oder Meeresfrüchte, hier ist man wahre Meister in der Zubereitung leckerer Gerichte. Hier erinnert auch die Quelle der Nymphe Arethusa, die so nahe am Meer liegt, daß durch eine Mauer das Salz- vom Süßwasser getrennt werden muß, an eine alte Sage. Angeblich hat der Flußgott Alpheus aus Liebe Arethusa bis zum heutigen Syrakus verfolgt, wobei er allerdings stets bedacht war, daß sich das Wasser seines Flusses nicht mit dem des Meeres vermischte.

Thunfischsteaks

BISTECCA DI TONNO

4 frische Scheiben Thunfisch à 200 g
2–3 Knoblauchzehen
1 Bund Thymian
1 Zitrone
4 EL Olivenöl
1 Lorbeerblatt
1 TL grob zerstoßene schwarze Pfefferkörner
500 g vollreife Tomaten
1 mittelgroße Aubergine
1 mittelgroße Zucchini
1 Zwiebel, Salz
1 TL Tiefkühlkräutermischung

Die Fischscheiben kurz unter fließend kaltem Wasser abbrausen und mit Küchenpapier trockentupfen. In einen Bratbeutel geben. Den Knoblauch abziehen und in Scheiben schneiden. Den Thymian waschen, trockenschwenken, die Blättchen von den Stielen zupfen und die Hälfte davon fein hacken. Zusammen mit dem ausgepreßten Zitronensaft, 3 Eßlöffeln Öl, dem zerriebenen Lorbeer und den Pfefferkörnern zum Fisch geben. Den Beutel verschließen, kräftig durchschütteln und mindestens 2 Stunden im Kühlschrank durchziehen lassen. Zwischendurch mehrfach durchschütteln.

Die Tomaten überbrühen, kalt abschrecken und häuten. Die Früchte vierteln und die Stielansätze entfernen. Die Aubergine und die Zucchini waschen, die Stielansätze abschneiden und die Früchte in Scheiben teilen. Die Zwiebel abziehen und in Ringe hobeln.

Die Fischstücke aus der Marinade nehmen und abtropfen lassen. Das restliche Öl in einer Pfanne erhitzen und den Fisch von jeder Seite 3 Minuten braten. Herausnehmen. In dem Bratenfett die Auberginen andünsten. Mit der Fischmarinade aufgießen. Zwiebeln und Zucchini zufügen und 5 Minuten dünsten. Die Tomaten und den Fisch dazugeben, mit Salz und Pfeffer würzen. Zugedeckt 10 bis 15 Minuten bei milder Hitze garen. Mit den Kräutern und den restlichen Thymianblättchen verfeinern.

Muschelragout

RAGÙ DI COZZE

2 kg Miesmuscheln
1 große Zwiebel
2 EL Öl
4 Knoblauchzehen
³/₈ l trockener Weißwein
200 g passierte Tomaten
4 EL gehackte Petersilie
Salz
Pfeffer aus der Mühle
5 Stangen Staudensellerie
150 g Möhren

Die Miesmuscheln unter fließend kaltem Wasser abbürsten. Schon geöffnete aussortieren und wegwerfen.

Zwiebel schälen und würfeln. Das Öl in einem großen Topf erhitzen, und die Zwiebelwürfel darin glasig dünsten. Den Knoblauch schälen und dazupressen. Die Miesmuscheln zufügen, mit dem Weißwein begießen und im geschlossenen Topf bei starker Hitze 8 Minuten garen.

Die Muscheln aus der Schale nehmen, noch geschlossene Exemplare wegwerfen. Die ausgelösten Muscheln beiseite stellen.

Den Garsud durch ein Sieb in einen kleineren Topf gießen. Tomaten und Petersilie unterrühren und 3 Minuten köcheln lassen. Mit Salz und Pfeffer kräftig abschmecken.

Die Selleriestangen putzen, waschen und in schmale Scheiben schneiden. In die Sauce mischen.

Die Möhren schälen, waschen und in die Sauce raspeln. Alles zusammen 5 Minuten kräftig kochen. Die Muscheln unterheben und erwärmen.

Wenn Sie sich einen Leihwagen nehmen, um Sizilien auf eigene Faust zu erkunden, ein Ratschlag: prüfen Sie ganz genau bei der Übergabe des Autos, ob wirklich alle Dellen festgehalten sind. Nichts läge mir ferner, als hier irgendwelche Vorurteile gegen Süditalien zu schüren. Doch letztesmal fand ich es recht ärgerlich (und teuer), daß ich, als ich den Wagen am Flughafen in Catania abgab, plötzlich für Beulen zahlen mußte, obwohl mir anfangs versichert worden war, es wäre alles vermerkt. Und da alle Autos dort ziemlich viele Dellen haben, dachte ich mir gar nichts dabei. Na ja, meine Liebe zu Sizilien ist nicht getrübt worden, aber unnötig ist so etwas einfach schon.

Wenn Sie das Ragout lieber sämiger wollen, lassen Sie noch 1 gestrichenen Eßlöffel Mehl mit dem Zwiebelgemisch kurz anschwitzen. Mit einem Gläschen Weißwein ablöschen und aufkochen. Dann erst das Gemüse und den Tintenfisch zugeben. Eine geschmackliche Variante: 25 g getrocknete Steinpilze in lauwarmem Wasser 30 Minuten aufquellen lassen, kleinschneiden und mitdünsten.

Tintenfischragout

RAGÙ DI SEPPIE

500 g küchenfertige Tintenfische
500 g Spinat oder Mangold
1 kleine Zwiebel
1 Knoblauchzehe
2 Stangen Bleichsellerie
3–4 EL gehackte glatte Petersilie
1 getrocknete Chilischote
1 EL Olivenöl
2 Fleischtomaten
Pfeffer aus der Mühle
Salz
Petersilienblättchen zum Garnieren

Tintenfische in Ringe schneiden. Spinat oder Mangold verlesen, grobe Stiele entfernen, gründlich waschen und trockenschleudern. Dann grob schneiden.

Feingehackte Zwiebel, durchgepreßten Knoblauch, feingeschnittenen Bleichsellerie, gehackte Petersilie und zerkrümelte Chilischote im mittelheißen Öl glasig dünsten. Spinat oder Mangold zufügen und zusammenfallen lassen. Vorbereiteten Tintenfisch zugeben und alles zugedeckt weitere 10 Minuten leise köcheln lassen. Tomaten kurz in siedendem Wasser überbrühen, kalt abschrecken, häuten, halbieren und entkernen. Das Fruchtfleisch würfeln und zum Tintenfisch geben. Das Ragout nun ohne Deckel weitere 20 Minuten bei geringer Hitze köcheln lassen. Mit Salz und Pfeffer abschmecken und mit Petersilienblättchen garnieren. Für 6 Personen

Gemüse mit Fleisch

In vielen Gegenden Italiens gehört ein Fleischgericht – darunter zähle ich jetzt der Einfachheit halber auch Geflügel und Wild – als Hauptgang einfach dazu. Die Florentiner Küche beispielsweise ist für ihre ausgezeichneten Fleischgerichte berühmt. In ländlichen Regionen der Toskana oder im Piemont und in den Abruzzen ist die Jagd sehr verbreitet – kein Wunder also, daß hier Wild und Wildgeflügel in vielen Variationen auf den Tisch kommen. Aber allen Rezepten auf den folgenden Seiten ist gemeinsam, daß Gemüse eine wichtige Rolle spielt; mal begleitet es das Fleisch »nur« als Sauce, mal steht es, wie bei den gefüllten Kürbisblüten oder den Kohlrouladen im Mittelpunkt.

Ossobuco ist eines der Gerichte in der italienischen Küche mit der längsten Tradition. Verständlich, daß sich im Laufe der Zeit verschiedene Zubereitungsarten entwickelt haben. Daß die Kalbshaxenscheiben ganz lange bei kleiner Hitze geschmort werden, darüber sind sich alle Köche einig. Uneinig ist man sich, ob Tomaten hineingehören oder nicht. Ich finde eigentlich, daß die Gremolada, so nennt man die Mischung aus Zitronenschale, Knoblauch und Petersilie, die vor dem Servieren auf dem Fleisch verteilt wird, nicht so gut mit Tomaten harmoniert, aber das sollten Sie einfach ausprobieren.

Kalbshaxe Mailänder Art

OSSOBUCO ALLA MILANESE

1 große oder 2 kleine Kalbshaxen
(ca. 1,5 kg)
80 g Butter
1 Zwiebel
Mehl zum Wenden
1 Möhre
1 Stange Staudensellerie
3 Tomaten
Salz
Pfeffer aus der Mühle
einige Rosmarinblätter
gut $^1/_8$ l Weißwein
evtl. etwas Wasser oder Fleischbrühe
1 Knoblauchzehe
1 EL gehackte Petersilie
2 gehackte Sardellen
abgeriebene Schale von
1 unbehandelten Zitrone

Die Kalbshaxe gleich beim Einkauf in 4 bis 6 etwa 4 cm dicke Scheiben sägen lassen. 50 g Butter in einem großen Schmortopf zerlassen und die feingeschnittene Zwiebel darin glasig dünsten. Das Fleisch kurz waschen, trockentupfen, leicht in Mehl wenden und in dem Fett hellbraun anbraten.

Möhren und Sellerie putzen und in Streifen schneiden, die Tomaten überbrühen und häuten. Alles zum Fleisch geben, salzen und pfeffern, Rosmarin hinzufügen, mit dem Wein aufgießen und zugedeckt 1 Stunde schmoren lassen. Wenn nötig, etwas Wasser oder Fleischbrühe hinzugießen.

Knoblauchzehe schälen und fein hacken. Etwa 5 Minuten vor dem Servieren Petersilie, Knoblauch, Sardellen und Zitronenschale vermischen und auf dem Fleisch verteilen. Dann mit dem Gemüse auf eine vorgewärmte Platte legen.

Den Bratensaft mit etwas Wasser gut loskochen und die restliche Butter in Flöckchen unterschlagen. Die Sauce über das Fleisch gießen.

Die klassische Beilage zu Ossobuco ist Risotto oder Polenta.

Rindersteaks mit Tomatenkruste

BISTECCA DI MANZO CON CROSTA DI POMODORO

500 g vollreife Tomaten
1–2 Knoblauchzehen
1 EL Butter
Salz
1 Prise Zucker
Pfeffer aus der Mühle
2–3 EL Sonnenblumenöl
4 Filetsteaks à 150 g
2 EL Crème double
4 EL frisch geriebener Parmesan
4 EL eingelegte grüne Pfefferkörner

Rindfleisch, speziell das Fleisch junger Ochsen (manzo), wird hauptsächlich in Norditalien verzehrt. Vor allem die fruchtbare Poebene und das Val di Chiana in der Toskana sind ausgezeichnetes Weideland für die Viehherden. Das Fleisch ist in der Regel mager, gut abgehangen und hat einen wunderbaren Geschmack.

Die Tomaten überbrühen, kalt abschrecken und häuten. In Achtel schneiden und die Stielansätze entfernen. Die Knoblauchzehen abziehen und fein hacken.

Das Fett in einer Pfanne erhitzen, den Knoblauch und die Tomaten darin andünsten. Mit Salz, Zucker und etwas Pfeffer würzen und unter häufigem Rühren dick einkochen lassen.

Das Öl erhitzen und die Steaks von jeder Seite 3 Minuten braten. Mit Salz und Pfeffer würzen, in Alufolie einpacken und 7 Minuten nachziehen lassen.

Das Tomatenpüree mit der Crème double verrühren, eventuell nochmals abschmecken. Die Steaks aus der Folie nehmen und in eine flache feuerfeste Auflaufform legen. Mit der Tomatencreme überziehen und jeweils dick mit Parmesan bestreuen. Unter dem heißen Grill oder im Backofen bei starker Oberhitze gratinieren. Den Pfeffer im Mörser grob zerkleinern und zum Schluß über die Steaks streuen.

Die Schafzucht hat in den Abruzzen eine lange Tradition. Die meisten Schafe werden zwar wegen ihrer Wolle aufgezogen und verkauft, doch natürlich gibt es gerade in dieser Region besonders viele Rezepte für Gerichte mit Lammfleisch. Früher machten sich, sobald die kalten Herbstnächte in den Bergen anbrachen, die Hirten mit ihren Herden auf in Richtung Süden. Die lange Reise, die über Molise bis nach Apulien führte, hieß auch »transumanza«. Dieser Zug der Schafe prägte das Leben entlang dieser Route nach Lecce, wo bis heute die bekannten Schafmärkte stattfinden, und es bildete sich eine ganz eigene kulinarische Tradition heraus.

Lammkeule mit weißen Bohnen

COSCIOTTO D'AGNELLO CON I FAGIOLI BIANCHI

400 g getrocknete weiße Bohnenkerne
Rosmarin und Thymian (getrocknet)
ganze schwarze Pfefferkörner, Salz
1 Lammkeule (ca. 2 kg)
Olivenöl
3 Zwiebeln
3 Gewürznelken
1 Bouquet garni aus frischen
Thymian- und Petersilienzweigen
und 1 Lorbeerblatt
4 Tomaten
2 Knoblauchzehen
Pfeffer aus der Mühle
50–100 ml trockener Weißwein

Die Bohnenkerne über Nacht einweichen und dann abgießen. Rosmarin, Thymian, einige Pfefferkörner und etwas Salz in einem Mörser zerstoßen. Die Lammkeule mit Öl bepinseln und die Gewürzmischung einmassieren. Das Fleisch in eine Bratreine legen und in den auf 200 Grad vorgeheizten Ofen schieben. Etwa 2 Stunden schmoren lassen, ab und zu wenden und mit Saft begießen. Die Keule ist gar, wenn beim Einstechen mit einer Nadel nur noch ein hellroter Tropfen austritt.
Eine Zwiebel schälen und mit den Nelken spicken. Die Bohnenkerne mit der gespickten Zwiebel und dem Bouquet garni in einen großen Topf geben und mit Wasser bedecken. Aufkochen lassen, etwas salzen und bei geringer Hitze ungefähr 1 Stunde garen.
Die Tomaten kurz überbrühen, kalt abschrecken, häuten und entkernen. Restliche Zwiebeln und Knoblauch grob hacken und in Öl andünsten. Tomaten hinzufügen und mit Salz und Pfeffer zu einer Sauce einköcheln. Nach Geschmack und Konsistenz mit Weißwein strecken und weiter eindicken.
Die gegarte Keule auf eine Servierplatte legen und im Ofen bei 100 Grad etwas nachziehen lassen. Den Bratensatz in der Reine mit heißem Wasser loskochen, etwas einköcheln und in einer Saucière im Ofen warm halten. Die Bohnen abgießen, Zwiebel und Bouquet entfernen, mit der Tomatensauce mischen und um die Lammkeule anrichten.
Für 5 Personen

Lammkoteletts mit karamelisiertem Kürbis

COSTOLETTA D' AGNELLO CON ZUCCA CARAMELLATA

6–8 Lammkoteletts (à 150 g)
Mehl
2–3 EL Erdnußöl
Salz
Pfeffer aus der Mühle
je 1 Msp. gemahlener Safran und Ingwer
2 Knoblauchzehen
1/8 l trockener Weißwein
ca. 1,5 kg Kürbis
1 kleine Zwiebel
1 EL Butter
3 EL Wasser
wenig Zimtpulver
100 g Puderzucker
einige Korianderblättchen zum Garnieren

Die Abruzzen – übrigens die Region mit dem Ruf, daß die besten Köche von dort stammen – sind nicht nur bekannt für Viehzucht. Der Safran aus dem kleinen Dorf Navelli gilt als der beste überhaupt. Ein Jesuitenpriester brachte während der Inquisition die Krokuspflanze aus Spanien in sein heimatliches Dorf mit, und anscheinend fand die Pflanze hier besonders ideale klimatische Bedingungen vor.

Lammkoteletts mit Küchenpapier trockentupfen. Beidseitig in Mehl wenden und sofort im mittelheißen Öl kurz anbraten. Mit etwas Salz, Pfeffer, Safran, Ingwer und dem durchgepreßtem Knoblauch würzen. Wein dazugießen und die Koteletts zugedeckt auf kleinster Hitze ca. 1 Stunde schmoren lassen.
Inzwischen den Kürbis schälen, entkernen und würfeln. Mit Zwiebelringen

gen in der mittelheißen Butter andünsten. Wasser zufügen und mit Salz, Pfeffer und Zimt würzen. Kürbis zugedeckt knapp weich garen. Deckel entfernen und die Flüssigkeit einkochen lassen. Puderzucker zufügen und den Kürbis leicht karamelisieren lassen. Dabei ab und zu sorgfältig umrühren.
Lammkoteletts auf einer vorgewärmten Platte anrichten. Kürbis darübergeben, mit abgezupften Korianderblättchen garnieren.

115

Als Variante können Sie auch gefüllte Zucchiniblüten zubereiten. Probieren Sie sie einmal mit einer Fülle aus gedünstetem, gehacktem Spinat und ganz fein geschnittenem Hühnerbrustfleisch. Diese Masse mit Parmesan, Ei, frischem Basilikum und Pfeffer abschmecken, in die Blüten füllen und bei 180 Grad ca. 20 Minuten im Backofen garen. Dazu paßt eine Tomatensauce.

Gefüllte Kürbisblüten

FIORI DI ZUCCA RIPIENI

12–16 schöne Kürbis- oder Zucchiniblüten
ca. 300 g Kürbis
150 g frische Hühnerleber
2 Schalotten
2 Knoblauchzehen
2 EL Olivenöl
1 Handvoll Petersilienblättchen
Salz
Pfeffer aus der Mühle
wenig Rosmarin

Für die Sauce:
$1/4$ l Geflügelfond (Fertigprodukt)
knapp $1/8$ l Marsala
200 g Crème double
einige Tropfen Zitronensaft
1 EL kalte Butter

Blüten ausschütteln, vorsichtig öffnen und Stempel entfernen. Kürbis schälen, entkernen und klein würfeln. Hühnerleber von Sehnen und Häutchen befreien. Schalotten und Knoblauch fein hacken.

Öl erhitzen, Schalotten und Knoblauch darin glasig dünsten. Kürbis zufügen und unter Wenden mitdünsten. Mit grob gehackter Petersilie, Salz, Pfeffer und Rosmarin würzen. Masse auskühlen lassen, dann mit einem großen Küchenmesser hacken.

Füllung in die vorbereiteten Blüten verteilen. Spitzen zusammendrehen und nebeneinander in eine gefettete, flache feuerfeste Form legen. Zugedeckt in der Mitte des auf 175 Grad vorgeheizten Ofens ca. 20 Minuten garen.

Für die Sauce Geflügelfond zur Hälfte einkochen lassen. Crème double darunterrühren. Mit Salz, Pfeffer und Zitronensaft abschmecken. Kurz vor dem Servieren nach und nach kalte Butter unter die Sauce mischen. Zu den Kürbisblüten reichen.

Zucchini mit Schinkenfüllung

ZUCCHINE FARCITE DI PROSCIUTTO

4 mittelgroße Zucchini
100 g gekochter Schinken
1 Bund gemischte frische Kräuter
Salz
Pfeffer
1 Kugel Mozzarella
Basilikum zum Garnieren

Zucchini waschen, Blüten- und Stielansätze entfernen und die Zucchini längs halbieren. Das Kerngehäuse entfernen und etwas Fruchtfleisch für die Füllung herausschaben. Den Schinken in kleine Würfel schneiden. Kräuterbund waschen, grobe Stiele entfernen und fein hacken.

Zucchinifruchtfleisch mit Schinken und Kräutern mischen und mit Salz und Pfeffer würzen. Die Mozzarella abtropfen lassen und in Würfel schneiden.

Die Zucchinihälften mit der vorbereiteten Farce füllen und mit Mozzarella bestreuen, abschließend mit frisch gemahlenem Pfeffer würzen.

Die Zucchinihälften auf ein Backblech geben und im vorgeheizten Backofen bei 180 Grad etwa 15 Minuten backen. Mit frischen Basilikumblättern garniert sofort servieren.

Zum Füllen sind Auberginen ebenfalls sehr gut geeignet. Rösten Sie die halbierten Auberginen bei niedriger Hitze – sonst wird die Haut zu ledern – 20 bis 30 Minuten im Backofen, dann läßt sich das Fruchtfleisch gut mit einem Löffel herausholen. Da die vegetarische Küche immer mehr Anhänger findet, habe ich mir angewöhnt, gleich zwei verschiedene Füllungen zuzubereiten: eine mit Schinken oder Hackfleisch und eine andere mit kleingewürfeltem Schafskäse, Zwiebeln und eventuell noch etwas gekochtem Reis. Wenn schon Käse in der Füllung ist, überbacke ich das Gemüse nicht noch mit Mozzarella.

Der Spaghettikürbis trägt seinen Namen zu Recht, denn nach etwa 30 Minuten Kochzeit bilden sich aus dem faserigen Fleisch im Innern spaghettiähnliche Fäden. Sie lassen sich nach dem Aufschneiden der Frucht mit einer Gabel herausziehen und schmecken auch lecker einfach nur mit etwas Parmesan bestreut oder mit zerlassener Butter übergossen.

Spaghettikürbis Bolognese

ZUCCA ALLA BOLOGNESE

1–2 Spaghettikürbisse, (ca.1,2 kg)

Für die Tomatensauce:
1 kleine Zwiebel
1 Knoblauchzehe
2 Stangen Bleichsellerie
1 Möhre
wenig Selleriegrün
2 EL Olivenöl
1 EL Butter
300 g gemischtes Hackfleisch
$^1/_2$ Bund gehackte glatte Petersilie
1 Gewürznelke
1 Lorbeerblatt
$^1/_8$ l Rotwein
200 ml kräftige Fleischbrühe
2 EL Tomatenmark
Salz
Pfeffer aus der Mühle
Muskat
100 g süße Sahne
3 EL geriebener Parmesan

Spaghettikürbis schälen, längs halbieren, Kerne entfernen und in 2 bis 3 cm breite Stücke schneiden.

Für die Sauce Zwiebel, Knoblauch und Selleriegrün sehr fein hacken. Öl und Butter darin unter Wenden glasig dünsten. Hackfleisch zufügen und braten, bis Fleisch und Gemüse leicht gebräunt sind. Gehackte Petersilie, Nelke und Lorbeer beigeben. Mit Rotwein ablöschen und einkochen lassen. Fleischbrühe dazugießen und die Sauce mit Tomatenmark, Salz, Pfeffer und Muskat abschmecken. Zugedeckt bei kleiner Hitze ca. 1 Stunde schmoren lassen. Ab und zu umrühren und die Flüssigkeit kontrollieren. Kürbisstücke in die Sauce geben und das Ganze nun ohne Deckel 30 bis 40 Minuten köcheln lassen, bis sich aus dem Kürbisfleisch spaghettiähnliche Fäden bilden.

Kurz vor Ende der Kochzeit Sahne dazugießen und sämig einkochen lassen. Mit geriebenem Käse servieren.

Tomaten-Fleisch-Ragout

RAGÙ DI CARNE AL POMODORO

1 kleine Zwiebel
1 Knoblauchzehe
2 Stangen Bleichsellerie
1 Möhre
2 EL Olivenöl
300 g gemischtes Hackfleisch
3–4 reife Fleischtomaten
2 EL gehackte Petersilie
1 Gewürznelke
1 Lorbeerblatt
100 ml kräftiger Rotwein
100 ml Fleischbrühe (Instant oder Würfel)
1 EL Tomatenmark
Salz
Pfeffer aus der Mühle
wenig Muskat
100 g süße Sahne

Normalerweise reicht man dieses Ragout zu bißfest gegarten Spaghetti. Es paßt aber genauso gut zu allen möglichen anderen Nudeln, zu Reis oder Hirse. Am besten schmeckt das Ragout, wenn Sie es ganz lange bei kleiner Hitze köcheln lassen. Ich mache deswegen immer gleich mehr davon und friere einen Teil ein, dann spare ich ein andermal Zeit.

Zwiebel, Knoblauch, Bleichsellerie und geschälte Möhre sehr fein schneiden. Im mittelheißen Fett unter Wenden glasig dünsten. Hackfleisch zufügen und braten, bis Fleisch und Gemüse leicht gebräunt sind.

Tomaten kurz überbrühen, kalt abschrecken und die Haut abziehen. In Achtel schneiden und zum Fleisch geben. Gehackte Petersilie, Gewürznelke und Lorbeerblatt beigeben. Mit Rotwein ablöschen und einkochen lassen.

Heiße Fleischbrühe dazugießen und alles mit Tomatenmark, Salz, Pfeffer aus der Mühle und Muskat abschmecken. Zugedeckt bei geringer Hitze ca. 1 Stunde schmoren. Ab und zu umrühren und die Flüssigkeit kontrollieren.

Kurz vor Ende der Kochzeit Sahne angießen und die Sauce ohne Deckel etwas einkochen lassen.

Im Mittelalter und der Renaissance machte man Polenta aus Dinkel, Kastanienmehl oder – wie heute noch im Veltlin – aus Buchweizenmehl. Im 16. Jahrhundert, als Mais aus der Neuen Welt nach Venedig kam, begann man zuerst im Friaul, Polenta aus Maismehl zuzubereiten. Die Pflanze fand in Norditalien ideale Wachstumsbedingungen, und schon bald wurde Polenta eines der Hauptnahrungsmittel in dieser Region. Diese einseitige Ernährung vor allem der ärmeren Bevölkerung begünstigte im letzten Jahrhundert die Pellagra, eine Krankheit, die durch einen Mangel an Niacin hervorgerufen wird. Polenta ist eine leckere Beilage zu Fleisch- und Fischeintöpfen, zu Ossobuco oder Ragouts; genauso schmeckt sie als Hauptgericht nur mit Käse oder als sättigender Auflauf wie im Rezept hier.

Polenta mit Wirsing

POLENTA CON VERZA

2 EL Olivenöl
1¹/₂ l Fleischbrühe
250 g grober Maisgrieß
Salz
Pfeffer aus der Mühle
1 große Zwiebel
200 g geschnetzeltes Schweinefleisch
50 g durchwachsener, geräucherter Speck
2 EL Fleischbrühe
2 EL gehackte Kräuter
(Petersilie, Majoran, Kerbel)
1 mittelgroßer Wirsing (500 g)
3 EL frisch geriebener Pecorino

Eine flache Gratinform mit wenig Olivenöl bestreichen.
Die Fleischbrühe aufkochen und den Maisgrieß unter Rühren hineingeben. 40 Minuten unter gelegentlichem Rühren bei schwacher Hitze kochen. Mit Salz und Pfeffer würzen.
Die Zwiebel schälen und würfeln. Das restliche Olivenöl erhitzen und das Fleisch, den Speck und die Zwiebel hineingeben und anbraten. Mit 2 Eßlöffeln Fleischbrühe ablöschen und mit Salz, Pfeffer und den Kräutern würzen. Das Fleisch unter die noch warme Polenta mischen.
Die Wirsingblätter vom Strunk lösen. Die Rippen herausschneiden und die Blätter einige Minuten in kochendem Salzwasser blanchieren. Herausnehmen und gut abtropfen lassen.
Die Gratinform mit den Blättern auskleiden. Die Hälfte der Polenta hineingeben und glattstreichen. Mit einer Schicht Wirsingblätter abdecken und die restliche Polenta darüber verteilen. Mit dem Käse bestreuen. Die Form unter den Grill schieben und überbacken, bis der Käse schmilzt.

Nicht nur als Hauptbestandteil eines solchen Sugo, der zu Pasta, Nudeln oder Polenta paßt, ist Hähnchen in Italien beliebt. Zubereitungsarten kennt man hier ohne Ende – das reicht von Hähnchen im Teigmantel über Frikassee bis hin zu mariniertem Brathähnchen. Außerdem gehört Hähnchen im Norden in das klassische »bollito misto«, das sind verschiedene gekochte Fleischsorten, die mit einer pikanten Petersiliensauce serviert werden.

Hähnchenbrust mit Tomatensugo

GALLETTO CON SUGO DI POMODORO

300 g Hähnchenbrustfleisch
2 mittelgroße Zwiebeln
2 EL Butter
2 EL Öl
Salz
Pfeffer aus der Mühle
1 Dose (400 g) geschälte Tomaten
2 Knoblauchzehen
je ¹/₂ Bund Basilikum und Petersilie
2 EL Pinienkerne
getrockneter Salbei und Oregano

Das Hähnchenbrustfleisch in feine Streifen oder Scheiben schneiden. Die Zwiebeln abziehen und fein würfeln. Die Butter mit dem Öl in einer Kasserolle erhitzen. Fleisch und Zwiebeln darin anbraten. Mit Salz und Pfeffer würzen.

Die Tomaten mit dem Saft in einem elektrischen Mixer pürieren. Die Knoblauchzehen abziehen und fein würfeln. Die Kräuter waschen, trockenschwenken und hacken. Die Pinienkerne im Mörser zerquetschen. Alles zu den Tomaten geben und nochmals pürieren. Mit je einer Prise Salbei und Oregano abschmecken.

Tomatensugo über das Hähnchenfleisch gießen und zugedeckt im Ofen bei 180 Grad oder auf dem Herd bei mittlerer Hitze 20 Minuten schmoren.

Geschmorter Salat

LATTUGA STUFATA

**4 kleine oder 2 große Köpfe
Romanasalat (römischer Salat)
Salz
100 g Frühstücksspeck
1 Zwiebel
1 Stange Bleichsellerie
1 Möhre
100 ml Fleischbrühe (Extrakt)
2 EL Butter
1 EL Mehl
1 EL Tomatenmark
Saft von ½ Zitrone
frisch gemahlener Pfeffer
75 g saure Sahne**

*W*ährend in anderen Regionen immer neue Zubereitungsarten von Pasta, Risotto oder Polenta entstanden, blieben die Toskaner ihrer Liebe zum Brot treu. Keine Mahlzeit ohne Brot – kein Wunder bei dem köstlichen »pane toscano«. Typisch ist daran (und das mag manchem ungewohnt sein), daß kein Salz in den Teig kommt. Brot mit Olivenöl als Snack zwischendurch,

Von den Salatköpfen die härteren Außenblätter entfernen und den Strunk jeweils messertief einschneiden. Die Köpfe in siedendem Salzwasser einige Minuten blanchieren, herausnehmen und gut abtropfen lassen.

Den Speck in sehr dünne Scheiben schneiden. Zwiebel, Sellerie und Möhre putzen, waschen und fein würfeln. Eine ofenfeste Form (groß genug für die Salatköpfe) mit den Speckscheiben auslegen. Die blanchierten Salatköpfe darauf betten, mit den Gemüsewürfeln überstreuen und zum Schluß mit Brühe begießen. Mit Alufolie abdecken und bei 200 Grad 20 Minuten im Ofen schmoren lassen.

Für die Sauce Butter auslassen, das Mehl einrühren und so viel von der Gemüsebrühe mit dem Quirl untermischen, daß eine dickliche Sauce entsteht. Mit Tomatenmark, Zitronensaft, Pfeffer und Salz abschmecken. Die Sauce vom Herd nehmen, die saure Sahne unterziehen und über die geschmorten Salatköpfe geben.

knusprige Crostini mit Leberpastete als Vorspeise, Brotsalat, Brot in der Suppe, zum Fleischgang und sogar zum Dessert als Brotpudding – in der Toskana muß man einfach zum Brotliebhaber werden.

Kutteln sind in Deutsch-land lange nicht so populär wie in der italienischen und französischen Küche. Die Zubereitung der Kutteln ist bei den meisten Rezepten ähnlich, regionale Unterschiede zeigen sich jedoch bei den übrigen Bestandteilen. In Mailand kommen weiße Bohnen 20 Minuten vor Ende der Kochzeit dazu, in Siena und Arezzo werden die Kutteln kräftig mit Peperoncini gewürzt, in Rom liebt man die Kombination mit frischer Minze und Pecorino, und in Bologna werden sie mit verquirlten Eiern und Parmesan angerichtet.

Kalbskutteln mit Tomatencoulis

TRIPPA CON PURÈ AL POMODORO

**500 g Kalbskutteln
(geputzt und blanchiert)
1 l Salzwasser
1–2 EL Sherryessig
1 Spickzwiebel
(1 Zwiebel gespickt mit
1 Lorbeerblatt und 2 Gewürznelken)
500 g vollreife Tomaten
50 g Schalotten
1 mittelgroße Möhre
1 Stange Staudensellerie
1 Bund Basilikum
2 EL Öl
1–2 Knoblauchzehen
100 ml Kalbsfond
60 g frisch geriebener
Parmesan
20 g Butter**

Die Kutteln beim Metzger vorbestellen. Er macht sie Ihnen auch küchenfertig.

Kutteln nur noch kurz unter fließend kaltem Wasser abbrausen und ins kochende Salzwasser geben. Essig und die Spickzwiebel zufügen. Zugedeckt bei milder Hitze 40 Minuten köcheln. Herausnehmen und in feine Streifen schneiden. Die Brühe durch ein Sieb passieren.

Die Tomaten überbrühen, kalt abschrecken und häuten. Die Früchte halbieren, Kerne und Saft herausdrücken und das Fruchtfleisch fein würfeln. Die Schalotte abziehen, das Gemüse waschen und putzen. Alles in kleine Stücke schneiden. Das Basilikum gut waschen, trockenschwenken und fein hacken.

Das Öl erhitzen und das Gemüse mit den Kräutern andünsten. Mit ausgepreßtem Knoblauch würzen. Den Fond zugießen und 3 Minuten köcheln lassen.

Die Kutteln in eine flache feuerfeste Form geben. Mit dem Gemüsefond begießen und mit der Hälfte des Parmesans bestreuen. Die Tomaten darauf häufen und mit dem restlichen Käse bestreuen. Mit Butterflöckchen belegen und unter dem Grill 5 bis 7 Minuten gratinieren, bis der Käse eine schöne goldbraune Kruste bekommen hat.

Kohlrouladen

INVOLTINI DI VERZA

12 große Wirsingblätter
1 getrocknetes Brötchen
$^1/_8$ l lauwarme Milch
100 g Parmesan oder Pecorino
$^1/_2$ Bund Petersilie
1 Knoblauchzehe
Salz
150 g Salsiccia
300 g Rinderhackfleisch
1 Ei
frisch geriebene Muskatnuß
Pfeffer aus der Mühle
1 EL Butter
3 Tomaten

Genau wie wir es hier auch kennen, können in Italien Rouladen aus Fisch, Fleisch oder blanchierten Kohlblättern bestehen. Der typische Geschmack kommt bei nebenstehendem Rezept von den Salsicce, den kräftig gewürzten italienischen Schweinswürstchen.

Wirsingblätter gründlich waschen und 1 Minute in siedendem Wasser blanchieren, abtropfen lassen und flach ausbreiten. Etwas Kohlbrühe beiseite stellen.

Brötchen in Milch einweichen. Parmesan oder Pecorino reiben. Petersilie waschen, trockenschleudern und hacken.

Knoblauch schälen und mit Salz zerdrücken. Das Brät aus der Wurst drücken und mit Hackfleisch, ausgepreßtem Brötchen, Käse, verquirltem Ei, Petersilie und Knoblauch gut vermischen. Mit Muskat, Pfeffer und Salz abschmecken.

Die Farce auf die Kohlblätter streichen und behutsam einrollen. Mit einem Faden umwickeln. In eine gebut- terte feuerfeste Form setzen und bei 180 Grad 10 Minuten im Ofen schmoren.

Tomaten in kochendem Wasser überbrühen, kalt abschrecken, häuten und hacken. Rouladen wenden, Tomaten mit einigen Löffeln Kohlbrühe bedecken und bei 150 Grad etwa 20 Minuten garen.

Die besten Rezepte für Leber stammen aus der Toskana und Venetien – man denke nur an die berühmte Kalbsleber venezianische Art, bei der der typische Geschmack durch den frischen Salbei kommt. Die Kombination mit Kürbis hier ist besonders apart.

Leber-Gemüse-Ragout

RAGÙ DI FEGATINI E VERDURA

25 g getrocknete Steinpilze
1 kleiner Spaghettikürbis
2 Fleischtomaten
4 Scheiben roher Schinken
3 EL Olivenöl
2 Schalotten
1 Zweiglein Rosmarin
400 g frische Geflügelleber
je $^1/_8$ l Rotwein und Geflügelbrühe
Salz
Pfeffer aus der Mühle

Steinpilze in ausreichend lauwarmem Wasser quellen lassen. Spaghettikürbis halbieren, entkernen, schälen und in 2 cm breite Stücke schneiden. Tomaten kurz überbrühen, kalt abschrecken und enthäuten. Tomaten halbieren und die Kerne mit einem Löffel herausschaben. Dann Fruchtfleisch in Würfel schneiden.

Schinken in Streifen schneiden und im mittelheißen Öl leicht anbraten. Gut abgetropfte Pilze, feingehackte Schalotten und Rosmarin beigeben und alles bei kleiner Hitze 5 Minuten dünsten.

Geflügelleber säubern und in nicht zu dünne Scheiben schneiden. Zu den Pilzen geben und unter Wenden kurz braten. Leber herausnehmen und zugedeckt warm stellen. Bratensatz mit Wein ablöschen und vollständig einkochen lassen. Mit Brühe aufgießen, Tomaten und Spaghettikürbis beigeben. Ragout aufkochen, würzen und ohne Deckel 15 bis 20 Minuten köcheln lassen. Kurz vor Ende der Kochzeit gebratene Geflügelleber zum Gemüse geben und nur noch kurz erhitzen.

Geflügelleber auf Knoblauchtomaten

FEGATINI CON I POMODORI ALL'AGLIO

300 g Putenleber
100 g Schalotten
2 EL Sonnenblumenöl
1 EL Butter
Salz
Pfeffer aus der Mühle
500 g vollreife Eiertomaten
2 Knoblauchzehen
1 Bund glatte Petersilie

Die Leber häuten und von Blutgerinnsel befreien. In feine Streifen schneiden. Die Schalotten abziehen und klein hacken.
Das Öl zusammen mit der Butter in einer großen, schweren Pfanne erhitzen. Leber und Zwiebeln darin unter Wenden ca. 3 Minuten anbraten. Aus der Pfanne nehmen, würzen und warm halten.
Die Tomaten waschen, die Stielansätze herausschneiden und die Früchte in gleichmäßige Scheiben schneiden. In dem Bratenfett von jeder Seite 1 Minute schmoren. Mit durchgepreßtem Knoblauch würzen.
Die Tomatenscheiben auf vorgewärmte Teller geben und die Putenleber darauf verteilen. Mit gehackter Petersilie bestreuen.

Erst einmal zur Beruhigung – ab und an einmal Leber schadet Ihrer Gesundheit nicht. Ganz im Gegenteil: im Prinzip ist Leber reich an wertvollen Vitaminen und besonders für die Biotinversorgung des Körpers wichtig. Schädlich dagegen ist ihr hoher Gehalt an toxischen Schwermetallen sowie an Purinen, daher sollten Sie also lieber nur in Maßen Leber essen. Falls Sie keine Geflügelleber bekommen, mit Kalbsleber schmeckt es genauso gut.

127

In den Marken gibt es besonders viele Wachteln, und sie
werden dort sowohl geschossen
als auch, vor allem entlang der
Küste, mit Netzen gefangen.
Man brät sie einfach zusammen mit Schinken in Butter
an, schmort sie dann in Wein
und serviert sie zusammen mit
Reis. Die Marken – der Name
kommt übrigens von den Ufer-
sümpfen »marcha«, an deren
Stelle heute allerdings Badeorte
getreten sind – liegen zwischen
der Romagna, der Toskana,
Umbrien und den Abruzzen.
Im Landesinnern ist diese Region vom Tourismus noch sehr
wenig berührt. Nehmen Sie
sich einmal Zeit und machen
Sie einen Abstecher in das
malerische Urbino (die Ge-
burtsstadt Raffaels) oder nach
Ascoli Piceno. Es kann gut
sein, daß es Ihnen dann so geht
wie mir einmal, und Sie gleich
den ganzen Urlaub in den
Marken verbringen.

Gefüllte Wachteln auf Wirsingstreifen

GUAGLIE FARCITE CON VERZA

1 Brötchen vom Vortag
3 EL Butter
1 mittelgroße Zwiebel
2 Scheiben Weißbrot
1 Bund Petersilie
2 Eigelb
2 EL Crème fraîche
Salz
Pfeffer aus der Mühle
1 Prise Cayennepfeffer
1 TL abgeriebene,
unbehandelte Zitronenschale
4 Wachteln
2 EL Butterschmalz
1 kleiner Wirsing (ca. 600 g)
200 g Sahne
1 Prise frisch gemahlener Muskat

Das Brötchen in Wasser 10 Minuten einweichen.
In einer Pfanne 1 Eßlöffel Butter erhitzen. Die Zwiebel schälen,
würfeln und dann glasig dünsten. Das Weißbrot klein hacken,
unter die Zwiebel mischen und kurz mitdünsten. Die Masse aus-
kühlen lassen.
Das eingeweichte Brötchen gut ausdrücken und in eine Schüssel
geben. Petersilie waschen, trockenschwenken und fein hacken.
Petersilie, Eigelbe, Crème fraîche und die Zwiebel-Brot-
Mischung dazugeben. Alles gründlich vermischen und mit Salz,
Pfeffer, Cayennepfeffer und Zitronenschale würzen.
Die Wachteln innen und außen salzen und pfeffern, mit der
Masse füllen und den Bauch zunähen. In einem Bräter Butter-
schmalz erhitzen und die Wachteln rundum darin anbraten.
Dann mit der Brust nach oben zugedeckt in 20 Minuten bei ge-
ringer Hitze gar ziehen lassen.
Inzwischen den Wirsing putzen, vierteln, vom Strunk befreien
und in feine Streifen schneiden. Waschen und in kochendem
Salzwasser garen. Eiskalt abtropfen lassen und in der restlichen
Butter schwenken. Die Sahne zugießen und mit Salz, Pfeffer und
Muskat würzen. Den Wirsing köcheln lassen, bis die Wachteln
fertig sind.

Überall in Italien finden Sie Kaninchen und manchmal auch etwas strenger schmeckenden Hasen auf der Speisekarte. Vor allem aber die ländliche Küche der Toskana – schließlich sind die Toskaner leidenschaftliche Jäger – versteht sich auf das Zubereiten von Wildschwein, Hühnern, Hasen, Kaninchen und Vögeln aller Art. Alternativ zu Kaninchen können Sie bei den meisten Rezepten auch Hähnchen verwenden.

Kaninchen in Sauerampfer

CONIGLIO AL'ACETOSA

1 küchenfertiges Kaninchen
1 EL Mehl
3 Zwiebeln
1 Knoblauchzehe
1 Peperoni
4 EL Olivenöl
2 EL Butter
200 g Sauerampfer
ca. 6–8 EL klare Brühe
frisch gemahlener Pfeffer
Salz
$\frac{1}{4}$ l Milch
1 Bund Petersilie

Kaninchen in Portionsstücke zerlegen und mit Mehl bestäuben. Zwiebeln schälen und vierteln, Knoblauch und Peperoni hacken. Öl und Butter in einer großen Kasserolle erhitzen. Die Kaninchenteile rundum anbräunen. Zwiebeln, Knoblauch und Peperoni zugeben und anschmoren.
Den Sauerampfer waschen und grob hacken. Mit etwas Brühe zum Fleisch geben und dünsten. Die Hitze reduzieren. Pfeffer und Salz zugeben und die Milch einrühren. Kasserolle schließen und alles 60 bis 90 Minuten sanft schmoren. Eventuell Brühe nachgießen.
Die Petersilie hacken. Das Ragout sämig einköcheln und mit Petersilie bestreut servieren.

Kaninchenragout mit Tomaten

RAGÙ DI CONIGLIO AL POMODORO

1 Kaninchen (ca. 1,5 kg)
3 EL Olivenöl
2 Knoblauchzehen
1 frischer Zweig Rosmarin
1 getrockneter Zweig Thymian
1 Lorbeerblatt
$^1/_8$ l trockener Weißwein
4 vollreife Fleischtomaten
Salz
Pfeffer aus der Mühle
100 ml Tomatensaft

Das Kaninchen in gleichmäßige kleinere Stücke (zu etwa je 100 g) zerhacken. Öl erhitzen, Kaninchenteile von allen Seiten kräftig anbraten. Die Knoblauchzehen schälen, fein hacken und zusammen mit den Kräutern zufügen. Mit dem Weißwein übergießen und einköcheln lassen.
Die Tomaten überbrühen, kalt abschrecken und häuten. Achteln und die Stielansätze herausschneiden. Zum Kaninchen geben. Mit Salz und Pfeffer würzen und unter häufigem Umwenden so lange schmoren lassen, bis sich die Tomaten fast ganz aufgelöst haben. Zugedeckt 30 Minuten im vorgeheizten Backofen bei 200 Grad fertiggaren. Eventuell etwas Tomatensaft dazugeben.

Vor allem in der italienischen Küche wird bei vielen Gerichten Wein zum Kochen verwendet. Leider herrscht bei uns oft die irrige Meinung, zu diesem Zweck reicht irgendein Tropfen den man normalerweise nie anrühren würde. Ich möchte Ihnen wirklich einen guten Rat geben: Kochen Sie nur mit einem Wein, den Sie auch trinken würden. Am besten ist es natürlich immer, den Wein für ein Gericht zu verwenden, den man auch später trinkt, aber da kann ich schon verstehen, daß man nicht unbedingt einen alten Barolo in ein Ragout schütten will (vielleicht eher ein Barbera in diesem Fall).

Beilagen

Zum Glück hat es sich inzwischen herumgesprochen, daß es noch andere (und vor allem gesündere) Möglichkeiten gibt, Gemüse zuzubereiten, als es bis zur Unkenntlichkeit in Salzwasser zu verkochen und womöglich am Ende noch mit einer Mehlschwitze zu versehen. Einfach in Olivenöl dünsten, dazu etwas Knoblauch und frische Kräuter – ich garantiere Ihnen, Sie werden begeistert sein, wie Ihnen so Spinat, Zucchini oder Paprika schmecken. Und natürlich gibt es auch hier ganz raffinierte Gerichte wie überbackener Radicchio oder gebratener Kürbis, die mit frischem Weißbrot schon für sich genommen ein ganzes Gericht sein können.

Ich nehme Olivenöl für alles — nicht nur wegen des gesundheitlichen Aspekts. Aber es empfiehlt sich, zwei verschiedene Sorten zu Hause zu haben: ein mildes zum Kochen und ein fruchtiges mit viel Eigengeschmack für Salate. Der Zusatz »extra vergine« auf dem Etikett ist allerdings immer wichtig.

Fenchelgemüse

FINOCCHI AL FORNO

1 Zwiebel
3 Knoblauchzehen
4 kleine Fenchelknollen
2 Tomaten
3 EL Olivenöl
Salz
Pfeffer aus der Mühle
3 EL Semmelbrösel
3 EL geriebener Parmesan
1 TL abgeriebene Zitronenschale

Zwiebel schälen und in dünne Scheiben schneiden. Knoblauchzehen abziehen und fein hacken. Fenchelknollen von den harten Außenblättern befreien und waschen. Halbieren und in Streifen schneiden. Tomaten überbrühen, häuten, Stielansätze und Kerne entfernen und in kleine Würfel schneiden.

Öl in einer großen Pfanne erhitzen. Zwiebel und zwei Drittel des Knoblauchs darin unter Rühren anbraten. Fenchelscheiben dazugeben und etwa 10 Minuten weiterbraten. Tomatenwürfel unterrühren, mit Salz und Pfeffer abschmecken und weitere 5 Minuten köcheln lassen.

Die Mischung in eine feuerfeste Form füllen. Semmelbrösel, Parmesan, Zitronenschale und restlichen Knoblauch in einem Schälchen vermischen und über das Gemüse streuen. Im vorgeheizten Backofen bei 200 Grad 15 Minuten überbacken.

Brokkoli mit Rosinen und Pinienkernen

BROCCOLI CON LE UVETTE E PINOLI

75 g helle Rosinen
4–6 EL Marsala
1 kg Brokkoli
Salzwasser
einige Tropfen Zitronensaft
2 EL Olivenöl
1 EL Butter
75 geröstete Pinienkerne

In Süditalien bevorzugt man Brokkoli (der meiste wird in Apulien angebaut), im Norden ißt man mehr Blumenkohl. Brokkoli ist ernährungsphysiologisch Blumenkohl überlegen; neben anderen Vitaminen und Mineralstoffen ist er vor allem reich an Beta-Carotin, Vitamin C und Eisen. Wußten Sie, daß er fast soviel Eisen enthält wie Spinat?

Rosinen in Marsala einlegen und quellen lassen.

Brokkoli putzen und in kleine Röschen teilen. Strunk schälen und in Scheiben schneiden. In siedendem Salzwasser bißfest garen. Herausnehmen, kalt abschrecken und gut abtropfen lassen. Zitronensaft, Öl, Butter und eine Prise Salz in einer Pfanne erhitzen. Brokkoli darin schwenken und heiß werden lassen. Rosinen und geröstete Pinienkerne beigeben und untermischen. Heiß oder lauwarm servieren.

Reichen Sie das Tomaten-gemüse zu Lammkoteletts oder Hackfleischbällchen. Zusammen mit Polenta haben Sie ein sättigendes vegetarisches Gericht. Anstelle von Gemüse können Sie aus dem Rezept auch eine Nudelsauce zubereiten: Tomaten entkernen, grob hacken und ca. $^1/_4$ Liter Tomatensaft zufügen. Je nach Geschmack noch gehackte schwarze Oliven und Anchovis untermischen.

Tomatengemüse mit Rucola

RAGÙ DI POMODORO CON LA RUCOLA

750 g Fleischtomaten
3 EL Olivenöl
Salz
Pfeffer aus der Mühle
1 EL Aceto Balsamico
1 Bund Rucola

Die Tomaten blanchieren, häuten und achteln. Die Stengelansätze entfernen.
Das Olivenöl in einer breiten Pfanne mit hohem Rand erhitzen.
Die Tomatenachtel hineingeben und bei mittlerer Hitze zugedeckt dünsten. Mit Salz und Pfeffer würzen und mit dem Essig
gleichmäßig beträufeln.
Rucola abbrausen, dicke Schale entfernen. Kleine Blättchen ganz
lassen, größere grob zerschneiden. Nach Ende der Kochzeit in
die Tomaten streuen. Gleich servieren.

In Rom liebt man deftige Küche. Innereien, Ochsenschwanz, Hülsenfrüchte mit Speck – solche bodenständigen Spezialitäten werden allerdings nur noch in Trattorien und einfachen Restaurants angeboten. Lokale, die rustikalere Kost servieren, finden Sie im Stadtteil Testaccio, dem historischen Arbeiterviertel Roms, besonders rund um den ehemaligen Schlachthof (mattatoio). Nachdem es eher unwahrscheinlich ist, daß Sie auf einem Rundgang zufällig hierher gelangen, nehmen Sie am besten die Linie B bis zur Metrostation Piramide und gehen Sie mal, bevor Sie sich auf die Suche nach Trattorien machen, über den protestantischen Friedhof – dort sind die englischen Dichter Shelley und Keats begraben.

Saubohnen auf römische Art

FAVE ALLA ROMANA

**2 kg frische dicke Bohnen
(Sau- oder Puffbohnen)
100 g Pancetta
2 Zwiebeln
1 Handvoll Petersilie
4 Salbeiblätter
2 Handvoll Romanasalat
1 EL Olivenöl
1 Tasse Fleischbrühe**

Die frischen Bohnen aus der Hülse palen. Den Speck würfeln. Geschälte Zwiebeln, Petersilie und Salbei zusammen fein hacken. Vom Romanasalat die inneren, hellen Blätter in fingerbreite Streifen schneiden.

Die Speckwürfel im Öl anbraten und die Zwiebel-Kräuter-Mischung darin glasig dünsten. Erst die Bohnenkerne, später die Salatstreifen untermischen, mit Fleischbrühe angießen und bei geringer Hitze garen, bis die Bohnen weich sind. Nach Belieben mit Salbeiblättchen garnieren.

Spargel Mailänder Art

ASPARAGO ALLA MILANESE

2 kg weißer Spargel
Salz
1 TL Zucker
120 g frisch geriebener Parmesan
100 g Butter
Pfeffer aus der Mühle

Den Spargel schälen und in reichlich kochendem Wasser mit Salz und Zucker in 10 bis 15 Minuten bißfest garen.
Die gut abgetropften Spargelstangen reihenweise so auf eine feuerfeste Platte schichten, daß möglichst viele Spargelköpfe frei liegen. Mit Parmesan bestreuen, mit flüssiger Butter übergießen und mit frisch gemahlenem Pfeffer würzen.
Im vorgeheizten Grill etwa 4 bis 5 Minuten gratinieren.

Die Italiener essen gerne ein Spiegelei zu diesem Gericht. Aber auch dünn geschnittener Parmaschinken oder Coppa und neue Kartoffeln passen gut.

Spinat römische Art

SPINACI ALLA ROMANA

75 g helle Rosinen
6 EL Marsala
1,5 kg Spinat oder Mangold
Salzwasser
3 EL Olivenöl
1 EL Butter
4 Knoblauchzehen
75 g geröstete Pinienkerne, Salz
Pfeffer aus der Mühle

Rosinen in Wein einlegen und quellen lassen.
Spinat oder Mangold verlesen, grobe Stiele entfernen und gründlich waschen. In sprudelnd kochendem Salzwasser kurz überbrühen. Kalt abschrecken und gut abtropfen lassen.
Öl und Butter erhitzen. Fein geschnittenen Knoblauch darin andünsten, bis er zu bräunen beginnt. Gut abgetropften Spinat oder Mangold zugeben und heiß werden lassen. Eingeweichte Rosinen und geröstete Pinienkerne untermischen. Einige Minuten durchziehen lassen. Mit Salz und Pfeffer abschmecken.

In Triest, diesem eigentümlichen Gemisch verschiedener Kulturen, wußte ich nie so recht, ob ich eigentlich (noch) in Italien bin. Der Aufschwung, den die Stadt ab der Mitte des 18. Jahrhunderts nahm, als Karl VI. von Österreich sie zum Freihafen erklärte und sie sich zu einer kosmopolitischen Metropole entwickelte, zeigt sich heute noch an den langgestreckten Plätzen mit ihren klassizistischen Bauwerken und den großzügigen Hafenanlagen. Erst 1918 fiel Triest wieder an Italien. Hier haben sich Rezepte österreichischer, venetischer, slawischer, ungarischer und jüdischer Herkunft vermischt und lassen Sie interessante, kulinarische Entdeckungen machen.

Triestiner Knoblauch-Zucchini

ZUCCHINE AL'AGLIO ALLA TRIESTINA

5 Knoblauchzehen
750 g Zucchini
Salz
75 g Butter
2 Eigelb
2 EL Crème fraîche
Pfeffer aus der Mühle
1 TL Paprikapulver
100 g geriebener Parmesan
Butter für die Form

Die Knoblauchzehen schälen und in dünne Scheiben schneiden. Die Zucchini waschen, die Enden abschneiden, die Früchte in dünne Scheiben hobeln. Knoblauch- und Zucchinischeiben in kochendes Salzwasser geben, einmal aufwallen lassen und auf ein Sieb gießen.

Die Butter schmelzen und etwas abkühlen lassen. Mit Eigelben und Crème fraîche verrühren. Die Masse mit Salz, Pfeffer und Paprikapulver würzen.

Eine feuerfeste Form mit Butter ausstreichen. Die Zucchini- und Knoblauchscheiben hineingeben, die Creme darübergießen und das Ganze mit geriebenem Käse bestreuen. Das Gemüse auf der mittleren Schiene im auf 200 Grad vorgeheizten Backofen 30 bis 40 Minuten überbacken.

Blumenkohl Florentiner Art

CAVOLFIORE ALLA FIORENTINA

ca. 1 kg Blumenkohl
Salzwasser
750 g Eier- oder Fleischtomaten
1 kleine neue Zwiebel
4–5 Knoblauchzehen
4 EL Olivenöl
$^1/_2$ Bund glatte Petersilie
12–15 schwarze, entsteinte Oliven
Pfeffer aus der Mühle

Machen Sie unbedingt in Florenz einen Rundgang durch Oltrarno, den Stadtteil auf der anderen Seite des Arno, der sich einen ganz eigenen Charakter bewahrt hat. Abseits der Touristen können Sie hier kleine Läden und Galerien entdecken und vor allem gut und billig essen. Mein Lieblingslokal war früher immer die Trattoria an der Piazza Santo Spirito.

Blumenkohl putzen, in höchstens 8 Stücke teilen. In siedendem Salzwasser bißfest garen. Herausnehmen, kalt abschrecken. Dann zugedeckt warm stellen.

Eier- oder Fleischtomaten kurz überbrühen, kalt abschrecken und enthäuten. Dann halbieren, entkernen und klein würfeln. In einem Sieb abtropfen lassen.

Gehackte Zwiebel und geschnittenen Knoblauch im mittelheißen Öl glasig dünsten. Tomaten, feingehackte Petersilie und Oliven beigeben. Mit Salz und Pfeffer abschmecken.

Tomatensauce über den Blumenkohl geben. Heiß servieren.

Toskanische weiße Bohnen in der Flasche

FAGOLI AL FIASCO

600 g frische weiße Bohnen
6 Salbeiblätter
3 Knoblauchzehen
$^{1}/_{8}$ l Olivenöl
$^{3}/_{8}$ l Wasser
Salz
Pfeffer aus der Mühle
Außerdem: 1 Chianti-Flasche
von 2 l Fassungsvermögen (Fiasco)

Diese typisch florentinische Art, Bohnen zuzubereiten, ist sicher die schmackhafteste. Die Idee, die Bohnen in bauchigen Chiantiflaschen zu garen, ist nicht nur originell, es bleiben so auch die Nährstoffe am besten erhalten. Ursprünglich machte man sich die gleichmäßige Glut eines Holzkohlenfeuers dafür zunutze, doch es geht im Backofen genauso gut.

Die Flasche von der Strohhülle befreien, gut auswaschen und aus dem Stroh einen Pfropfen drehen.

Die gewaschenen Bohnen, Salbei, geschälten Knoblauch, Öl und Wasser in die Flasche füllen und gut durchschütteln. Die Flasche darf höchstens zu zwei Dritteln gefüllt sein, denn die Bohnen quellen auf.

Die Flasche mit dem Strohpfropfen verschließen und in den auf 180 Grad vorgeheizten Ofen stellen. Nach 3 Stunden probieren, ob die Bohnen weich sind und eventuell 1 weitere Stunde – nicht länger – in den heißen Ofen stellen. Den Fiasco mit Salz und Pfeffer servieren.

Scarola gedünstet

INDIVIA SCAROLA STUFATA

2 Scarola- oder Romanasalate
Salz
2 EL Pinienkerne
2 EL Sultaninen
1 EL Kapern
50 g schwarze Oliven
4 EL Olivenöl
1 getrocknete Peperoncino
100 ml Hühnerbrühe (Extrakt)
Pfeffer aus der Mühle

Von den Salatköpfen die Außenblätter entfernen und den Strunk
abschneiden. Die Köpfe in leicht gesalzenem, siedendem Wasser
2 Minuten blanchieren und dann abtropfen lassen.

Pinienkerne, Sultaninen, Kapern und Oliven in einem Sieb mit
dem Blanchierwasser übergießen. Die Oliven entsteinen und alle
Kerne, Knospen und Früchte mit dem Wiegemesser grob zerkleinern und mischen. Diese Mischung in die auseinandergefalteten
Salatblätter geben und die Köpfe wieder schließen.

In einer Kasserolle das Öl erhitzen, die zerbröselte Pfefferschote
kurz andünsten, und bei geringer Hitze die beiden gefüllten
Salatköpfe ringsum anschmoren.

Die Hühnerbrühe angießen, den Deckel auflegen
und alles unter einmaligem Wenden 20 Minuten
dünsten.

Die Salatköpfe längs halbieren, auf einer
vorgewärmten Platte anrichten und mit
der Sauce übergießen. Pfeffern und
wenig salzen.

*Peperoncini passen zu vielen
Gerichten. In der Basili-
kata, wo die Chilischote besonders gut gedeiht, gibt es als besondere Spezialität »olio santo«.
Dafür werden die zerstoßenen
Peperoncini in ein Schälchen
mit Olivenöl gegeben. Darin
ziehen sie einige Wochen, bis
das Öl ganz dunkel geworden
ist, und dann hat man ein ganz
besonderes Gewürz. Der Name
kommt daher, daß es früher als
Heilmittel für alle möglichen
Krankheiten galt.*

Die feinsten Weine Siziliens sind Süßweine. Marsala, benannt nach der gleichnamigen Stadt an der Westküste – dem Zentrum der Produktion –, läßt sich in der Küche ganz unterschiedlich verwenden. Er verfeinert Gemüsegerichte ebenso wie die verschiedensten Saucen und gehört in viele Desserts und Kuchen. Trockener Marsala ist ein wunderbarer Aperitif und hält durchaus dem Vergleich mit guten Portweinen stand.

Möhren in Marsala

CAROTE AL MARSALA

750 g junge Bundmöhren
2 EL Butter
10 cl Marsalawein
Salz

Die Möhren gründlich abbürsten, putzen und in dünne Scheiben schneiden.

Die Butter in einer Pfanne oder Kasserolle zerlassen und die Möhrenscheiben darin 5 Minuten unter Schütteln des Topfes anschmoren. Den Marsalawein hinzufügen und salzen.

Die Möhren zugedeckt in 15 bis 20 Minuten bei leichter Hitze gar schmoren lassen. Während der Schmorzeit den Topf hin und wieder schütteln, damit die Möhren nicht ansetzen.

Gebratener Kürbis

ZUCCA TRIFOLATA

ca. 1,2 kg Kürbis
feines Meersalz
2–3 Knoblauchzehen
4 EL Olivenöl
Pfeffer aus der Mühle
3–4 EL gehackte Petersilie
einige Tropfen Zitronensaft

Kürbis schälen, entkernen und in Würfel schneiden. Leicht salzen und Saft ziehen lassen. Dann die Würfel gut trockentupfen.

Knoblauch in Scheibchen schneiden und im erhitzten Öl andünsten, ohne daß er Farbe annimmt. Kürbis zufügen, Temperatur erhöhen, sobald der Kürbis Saft zieht, und nun unter Wenden braten, bis er leicht gebräunt ist. Mit Salz und Pfeffer würzen.

Kurz vor dem Servieren gehackte Petersilie darüberstreuen und mit Zitronensaft abschmecken.

Kürbis Mailänder Art

ZUCCA ALLA MILANESE

**4–6 kleine junge Bischofsmützen
oder 2 Squash**

Salz

2–3 Eier

Pfeffer aus der Mühle

Muskat

Mehl

75 g geriebener Parmesan

ca. 50 g Semmelbrösel

Butterschmalz zum Braten

1–2 Zitronen

1 Zweiglein Rosmarin

Ältere und härtere Kürbisse müssen geschält und anschließend in leicht gesalzenem Wasser kurz überbrüht werden. Kalt abschrecken, gut trockentupfen und dann nach dem Rezept panieren und braten. Dazu paßt eine dicke Tomatensauce.

Bischofsmützen oder Squash waschen, Stiel- und Blütenansatz entfernen, dann in ca. 2 cm dicke Scheiben schneiden. Auf beiden Seiten leicht salzen und 30 Minuten ziehen lassen.
Eier, Pfeffer und Muskat in einem tiefen Teller verquirlen. Kürbis mit Küchenpapier gut trockentupfen. Zuerst in Mehl wenden, anschließend in Ei und einer Mischung aus Käse und Bröseln. Panade gut andrücken. Kürbis sofort im nicht zu heißen Fett beidseitig golden braten. Mit Zitronenschnitzen servieren und mit Zitronenmelisse garnieren.

Ein typisches Merkmal der italienischen Küche ist, daß man sich hier auch darauf versteht, aus Blattsalaten schmackhafte Gemüse, Risotto- oder Pastagerichte zuzubereiten. Strenggenommen ist der Radicchio allerdings kein Salat, sondern gehört wie Chicorée und Endivie zur Familie der Zichorien. Den leicht bitteren Radicchio können Sie auch mit Olivenöl bestreichen und auf dem Grill knusprig braten.

Radicchiogemüse mit Speck

RADICCHIO ROSSO CON PANCETTA

1 kg festgeschlossene Radicchioköpfe
1 kleine Zwiebel
80 g geräucherter Speck
3 EL Olivenöl
Salz
Pfeffer aus der Mühle

Den Radicchio von allen welken Blättern befreien und den Strunk am unteren Ende etwas abschneiden. Gut waschen und sorgfältig abtrocknen. Die Radicchioköpfe halbieren. Die geschälte Zwiebel und den Speck in kleine Würfel schneiden.
Das Öl in einen Schmortopf oder in eine tiefe Pfanne geben und die Zwiebel- und Speckwürfel darin glasig dünsten. Die Radicchioköpfe hinzufügen, salzen und im offenen Topf bei leichter Hitze in 20 Minuten weich schmoren, dabei hin und wieder umrühren. Wenn Sie das Gemüse ohne Deckel garen, bekommt es eine appetitliche Knusprigkeit, lassen Sie den Deckel darauf, so wird es weich. Vor dem Auftragen mit Pfeffer bestreuen.

Geschmorter Wirsing

VERZA AFFOGATA

1 Wirsing (ca. 1 kg)
100 g Pancetta
2 Knoblauchzehen
Salz
1 EL Olivenöl
1 Zweig Rosmarin
1 Tasse Hühnerbrühe (Extrakt)
Pfeffer aus der Mühle

Dieses deftige Wirsinggemüse paßt gut zu einem Gericht mit Schweinefleisch. Sie können aber auch einfach etwas mehr Speck nehmen oder – besser noch – einige Salsicce mitgaren lassen und dazu nur noch Kartoffeln oder Polenta reichen (es werden garantiert alle satt).

Welke Außenblätter vom Wirsing lösen. Den Wirsing vierteln, waschen und bis auf den Strunk hobeln.

Speck in Würfel schneiden, Knoblauch schälen und mit etwas Salz zerdrücken. Speckwürfel und Knoblauch in einer schweren Kasserolle mit Öl und Rosmarin rasch und kräftig anbraten. Hitze reduzieren, Wirsing mit Speck mischen. Heiße Brühe zugießen und bedeckt 30 Minuten dünsten.

Rosmarin entfernen. Wirsinggemüse mit Pfeffer und Salz abschmecken.

Geschmorte Paprikaschoten mit Tomaten und Zwiebeln

PEPERONATA

3 Zwiebeln
2 Knoblauchzehen
je 2 kleine rote, gelbe und grüne Paprikaschoten
3 Fleischtomaten
3 EL Olivenöl
1 EL Aceto Balsamico
Salz
Pfeffer aus der Mühle

Zwiebeln schälen und in Würfel schneiden. Knoblauch abziehen und fein hacken. Paprikaschoten waschen, halbieren, von den Kernen und den weißen Trennwänden befreien und in feine Streifen schneiden. Tomaten überbrühen, häuten, Stielansätze und Kerne entfernen und in kleine Würfel schneiden.

In einer großen Pfanne bei mäßiger Hitze das Öl zerlassen. Zwiebeln und Knoblauch darin unter Rühren in 10 Minuten glasig dünsten. Paprikastreifen dazugeben, Pfanne zudecken und das Gemüse bei schwacher Hitze 10 Minuten schmoren.

Tomaten, Essig, Salz und Pfeffer dazugeben und weitere 5 Minuten schmoren.

Zuletzt bei starker Hitze unter vorsichtigem Rühren so lange kochen lassen, bis alle Flüssigkeit eingekocht ist. Als Beilage zu Geflügel oder Braten servieren oder kalt stellen und mit verschiedenen anderen *antipasti* als Vorspeise reichen.

Peperonata sind nicht nur eine Beilage, die zu allen kurzgebratenen Fleischgerichten schmeckt, sie gehört kalt eigentlich auch auf jedes Vorspeisenbuffet. Den besonderen Geschmack gibt hier der Aceto Balsamico. Der Balsamessig mit seinem leicht süßlichen Aroma rundet wunderbar Gemüsegerichte, Saucen und Eintöpfe ab. Sie können auch einmal geschmorte Paprika in Essigsud, Olivenöl, Kräuter und Gewürze einlegen. In gut verschlossenen Gläsern halten sich die Paprika einige Wochen.

*B*esonders die Küche der Lombardei – das liegt ja historisch auch nahe – ist eng mit der französischen verwandt. Mit Butter kocht man zwar in den meisten Regionen Norditaliens, doch vor allem bei den verfeinerten Rezepten, die so typisch für Mailand sind, kann man sich gut vorstellen, wie die Aristokraten des letzten Jahrhunderts ihre Köche nach Paris zur Vollendung ihrer Kunst schickten.

Brokkoli Mailänder Art

BROCCOLI ALLA MILANESE

ca. 1 kg Brokkoli
Salzwasser
4 Knoblauchzehen
2 EL Butter
3–4 Eier
Salz
Pfeffer aus der Mühle
Muskat
etwas Mehl zum Überstäuben
100 g geriebener Parmesan
Fett für die Form

Brokkoli putzen und in kleine Röschen teilen. Strunk schälen und in Scheiben schneiden. Im siedenden Salzwasser bißfest garen. Herausnehmen, kalt abschrecken und gut abtropfen lassen.
Gepreßten Knoblauch in der erhitzten Butter andünsten. Brokkoli zufügen und mitdünsten. Eier mit Salz, Pfeffer und Muskat verquirlen. Brokkoli mit Mehl überstäuben, zuerst im Ei und anschließend im geriebenen Käse wenden.
Brokkoli in eine gut gefettete feuerfeste Form geben, restliches Ei darübergießen. Sofort auf der oberen Schiene im auf 240 Grad vorgeheizten Ofen 5 bis 7 Minuten überbacken.

Überbackener Radicchio

RADICCHIO AL GRATIN

**4 größere Köpfe Radicchio
(ca. 800 g)
Salz
200 g Mascarpone
5 EL Zitronensaft
100 g frisch geriebener Parmesan
Pfeffer aus der Mühle
Fett für die Form
3 EL Pinienkerne**

Die Radicchioköpfe halbieren, vom Strunk befreien und waschen. In kochendem Salzwasser 3 Minuten blanchieren, eiskalt abschrecken und sehr gut abtropfen lassen.

Den Mascarpone mit dem Zitronensaft in einer kleinen Schüssel gut verrühren, die Hälfte des Parmesans untermischen und mit Salz und Pfeffer würzen.

Eine Auflaufform einfetten. Die Radicchioköpfe mit der Schnittfläche nach oben hineinlegen, leicht salzen und pfeffern und mit der Mascarpone-Parmesan-Mischung bedecken. Den restlichen Parmesan und die Pinienkerne darüberstreuen.

Auf der mittleren Schiene des vorgeheizten Backofens bei 200 Grad in 15 bis 20 Minuten goldgelb überbacken.

Mascarpone kennen Sie alle, doch wahrscheinlich nur als wichtigster Bestandteil im Tiramisù. Aber aus diesem wunderbar cremigen Käse, der am besten in den Wintermonaten ist, lassen sich auch viele andere Süßspeisen und üppige Nudelsaucen zubereiten. Und bei diesem Rezept geht sein zartes Aroma eine perfekte Verbindung mit dem bitteren Geschmack des Radicchio ein.

Wein

Was wären die ganzen wunderbaren italienischen Gerichte ohne den richtigen Wein dazu? Deswegen sollen am Ende des Buches ein paar Informationen zu diesem Thema nicht fehlen. Natürlich hat jeder von Ihnen seine Vorlieben. Doch lassen Sie sich von den Hinweisen zu den einzelnen Regionen und ihren Charakteristiken inspirieren, auch einmal andere Sorten zu probieren. Gehen Sie – in Italien versteht sich das ja schon von selbst, aber auch hier – in Weinhandlungen, lassen Sie sich beraten und vor allem testen Sie. Und wenn Sie ein paar Entdeckungen gemacht haben, laden Sie ruhig einmal Ihre Freunde zu einer kleinen Weinprobe ein, dazu ein paar leckere italienische Vorspeisen oder auch nur Toskana-Brot – es wird garantiert ein netter, lustiger Abend.

Zum Essen sollten Sie immer einen trockenen Wein wählen, ein süßlicher Wein paßt erst zum Dessert. Falls Sie mehrere Weine reichen wollen: erst die weißen, dann die roten – genauso geht die Reihenfolge von spritzig und jung hin zu voll und edel. Verzichten Sie bei einem Salat, der mit Essig oder Zitrone angemacht ist, auf Wein, die Säuren harmonieren nicht. Auch wenn es normalerweise heißt, Rotwein vertrage sich nicht mit Fisch, lassen Sie sich von Ihrem eigenen Geschmack leiten – in Italien trinkt man vor allem zu fettem Fisch wie Aal häufig Rotwein.

Quantität oder Qualität?

In Italien wird seit über 3000 Jahren Wein erzeugt, und es gibt – von den Ausläufern der Alpen bis zur Südspitze Siziliens – kaum ein Stück Land, wo Trauben nicht gedeihen könnten. Die unterschiedlichen klimatischen Bedingungen sorgen dafür, daß jede Landesgegend ihre typischen Rebsorten hat. Nachdem selbst heute noch mancherorts Wein als Nahrungsmittel eingestuft wird, wundert es nicht, daß man in der Vergangenheit nicht allzusehr um Geschmacksfeinheiten und Qualitätsansprüche bemüht war.

Hier wird mehr als ein Fünftel des gesamten Weinertrages weltweit produziert. Doch in den riesigen Abfüllanlagen wurden häufig nur Massenprodukte erzeugt, die im Ausland nicht überzeugten. Bei sinkendem Eigenverbrauch ist der Export natürlich ein ganz wichtiger Faktor, und so hat das Interesse des Marktes an Spitzen- produkten in den letzten Jahren zu einer enormen Qualitätssteigerung geführt. Immer mehr junge, engagierte Winzer experimentieren mit großem Erfolg mit heimischen und fremden Rebsorten, Ausbauarten und Verschnitten. Was dabei herauskommt, muß nicht unbedingt mit den – im folgenden aufgeführten – gesetzlichen Bestimmungen für Qualitätsweine übereinstimmen; und da etlichen Winzern ihre Weine wichtiger sind als irgendwelche Gesetze, die Originalität und Innovationsgeist im Wege stehen, macht man unter den unzähligen Produkten mit der Bezeichnung »vino da tavola« mitunter wirklich lohnende Entdeckungen. Da hilft nur eins: probieren.

Klassifizierung

Das italienische Weinrecht definiert, ähnlich wie das französische, bestimmte Qualitätsstufen. Die striktesten Kategorien haben die absoluten Spitzenweine zu erfüllen, um das Prädikat *Denominazione di origine controllata e garantita* (DOCG) zuerkannt zu bekommen. Diese Klasse ist auf sechs Anbaugebiete beschränkt: *Barolo* und *Barbaresco* im Piemont, *Brunello di Montalcino, Vino Nobile di Montepulciano* und *Chianti Classico* in der Toskana und *Albana di Romagna*, als einzigem Weißwein, aus der Emilia Romagna. *Denominazione di origine controllata* (DOC) ist das Prädikat für Qualitätsweine, die nach bestimmten, vom Gesetz festgelegten Produktionsvorschriften in einem begrenzten Gebiet hergestellt werden. *Vino da tavola con indicazione geografica* (Tafelwein mit geographischer Ursprungsbezeichnung) unterliegt keiner sehr strengen Kontrolle.

Beim *Vino da tavola*, der den einfachen Tafelwein bezeichnet, müssen keinerlei Produktionsvorschriften beachten werden. Hier findet man die ganze Palette vom billigsten Massenwein bis hin zu wirklichen Spitzenprodukten.

Bekannte italienische Weinregionen und ihre Produkte

Südtirol und Trentino: Beginnen wir unsere Reisen im Norden. An Südtirols Weinbergen wachsen über 80 Prozent rote Trauben, darunter ist die Vernatsch-Traube am verbreitesten. Aus ihr werden *Kalterersee* und *St. Magdalener* hergestellt. Daneben ist deutschen Törggelen-Urlaubern sicher der *Lagrein Kretzer* aus der Lagrein-Traube wohlbekannt. Südtirol, auf italienisch Alto Adige, und die Provinz Trento bilden zusammen eine Region. Doch zwischen den Nachbarn gibt es große Unterschiede, beginnt doch erst mit Trento, wenn die Apfelbäume den Trauben weichen und man sich mit Deutsch nur noch selten verständlich machen kann, das »eigentliche« Italien. Die dortigen Weine sind voller und von ausgeprägterem Aroma. Gute Beispiele sind der weiße Muskateller, *Moscato del Trentino*, sowie bei den Rotweinen der *Teroldego* aus der gleichnamigen Traube, der durch sein körperreiches Bukett hervorsticht. Aus einer weiteren, hier heimischen Rebsorte, der Marzemino, wird ein trockener, rustikaler Rotwein bereitet.

Venetien und Friaul: Aus Venetien stammen die bekannten Massenweine, die sich bei uns gern in Zweiliterflaschen finden: *Soave*, *Bardolino* und *Valpolicella*. Damit Sie von diesen Weinen nicht enttäuscht werden, achten Sie auf jeden Fall auf den Zusatz »Classico«. Und probieren Sie, wenn Sie einmal in Venetien sind, unbedingt einen *Recioto*, einen Dessertwein, der aus leicht teilgetrockneten Trauben hergestellt wird. Nordwestlich von Treviso aus dem Gebiet zwischen

In einer richtig typischen italienischen »trattoria« steht kein Wein auf der Karte (falls es überhaupt eine gibt). Dann bestellen Sie am besten ortsüblichen offenen Wein (vino aperto, vino della casa oder vino locale); Sie werden selten enttäuscht sein. Über die Flaschenweine der jeweiligen Region können Sie sich in einer »enoteca« informieren, dort können Sie sie in der Regel auch probieren. Irgendwann hat man meistens seinen Lieblingswein im Urlaub entdeckt und nimmt gern ein paar Flaschen davon für Zuhause mit. Doch machen Sie sich gleich darauf gefaßt: Meist schmeckt der Wein an Ort und Stelle in der passenden Atmosphäre besser, und man ist später oft etwas enttäuscht.

Auf zahlreichen Routen können Sie die Chianti-Classico-Region kennenlernen. Dabei werden Sie feststellen, wie eng Wein und Kunst hier verbunden sind. Oft nur über Schotterstraßen zu erreichen, gibt es wunderbare, kleine Ortschaften zu erkunden. Machen Sie von Greve aus einen Abstecher in das entzückende Montefioralle mit seinen jahrhundertealten Häusern, entdecken Sie gleich bei Panzano die – erstmals 982 erwähnte – Kirche von Pieve di San Leolino und machen Sie auf dem Weg nach Tavarnelle Halt im mittelalterlichen Tignano. Damit Sie neben Kunst auch wissen, wo es welche Weingüter gibt, sollten Sie sich eine detaillierte Straßenkarte mit diesen Informationen besorgen; sie ist erhältlich beim Consorzio del Marchio Storico Chianti Classico, Via Scopeti 155, S. Andrea in Percussina, 50026 San Casciano.

Valdobbiadene und Conegliano kommen zwei berühmte *Prosecco*. Friaul ist, was Weißweine betrifft, das Vorzeigegebiet Italiens. Sehr gute, spritzige, säurebetonte Weine gibt es in dem Gebiet um Gorizia und in den *Colli Orientali del Friuli*. Unter anderem werden folgende Rebsorten angebaut: Malvasia, Pinot bianco, Pinot grigio, Chardonnay und Tocai.

Lombardei: Wenn Sie vom Tessin oder aus dem Engadin nach Italien kommen, sollten Sie auf jeden Fall einen Veltliner kosten. Für diesen Wein aus dem Veltlin, einer Region, die ursprünglich zur Schweiz gehörte, gelten noch heute besondere Zollerleichterungen und Einfuhrbestimmungen nach Graubünden. So darf etwa der einfache *Valtellina*, der ein Jahr im Faß liegen muß, früher in die Schweiz eingeführt werden, muß aber dort seine Lagerzeit beenden. Mindestens zwei Jahre oder länger muß der *Valtellina Superiore* lagern. Er besteht nur aus der hervorragenden Nebbiolo-Traube, die hier Chiavennasca heißt, und wird in vier Lagennamen angeboten: *Grumello*, *Sassella*, *Inferno* und *Valgella*. Vom Südufer des Gardasees stammt der frische weiße *Lugana*.

Piemont: Die neben der Toskana bedeutendste Weinlandschaft Italiens kann vor allem mit ganz ausgezeichneten Rotweinen aufwarten. Überwiegend werden hier Weine aus den Sorten *Nebbiolo*, *Barbera* und *Dolcetto* angebaut. Die Nebbiolo-Traube liefert zweifelsohne mit dem *Barolo* und dem *Barbaresco* die edelsten Ergebnisse. Der samtige *Barolo*, der mindestens zwei Jahre im Faß und viele Jahre in der Flasche benötigt, um sein unvergleichliches Aroma zu entfalten, schwankt – je nach Alter und Jahrgang – stark im Preis. Von den Weißweinen erfreut sich in jüngster Zeit der *Gavi* aus der Cortese-Traube großer Beliebtheit.

Toskana: Die Toskana ist mit der weltberühmten Chianti-Classico-Region der Inbegriff italienischer Weinlandschaft. Die Qualität der *Chianti*, die aus zwei roten (Sangiovese und Canaiolo) und zwei weißen Traubensorten (Trebbiano und Malvasia) verschnitten sind, hat sich in den letzten Jahren stetig verbessert. Die Sangiovese-Traube ist die wichtigste rote Rebsorte in der Toskana, die sortenrein im berühmten, teuren *Brunello di Montalcino* auftritt sowie Hauptbestandteil im häufig sehr empfehlenswerten *Vino Nobile di Montepulciano* ist. Von den Weißweinen sind der *Trebbiano* und der *Vernaccia* zu erwähnen, deren Ergebnisse aber bei weitem nicht an die Rotweine dieser Region heranreichen.

Rom und der Süden: Überwiegend aus der Gegend um Rom stammen zwei Weißweine, die sich bei uns auf den Speisekarten der meisten Pizzerias finden: *Orvieto* und *Frascati*. Normalerweise reichen die Ergebnisse über simple Tischweine nicht hinaus, mit etwas Glück findet man allerdings beim *Orvieto* auch überra-

schende Ausnahmen. Zahlreiche der weiter im Süden erzeugten Weine werden zum Verschnitt verwendet. Natürlich hat auch dort jede Region ihre eigenen hervorragenden Weine, wie etwa *Salice Salentino* in Apulien, *Cirò Rosso* in Kalabrien oder *Corvo Rosso* oder *Bianco* in Sizilien, um nur einige wenige zu nennen. Diese Weine haben allerdings bis jetzt wenig Bedeutung für den Export erlangt und werden am besten gleich an Ort und Stelle konsumiert.

A ls Abschluß eines italienischen Essens darf eine Grappa (nicht stutzen, es heißt wirklich die Grappa) nicht fehlen. Dieser Tresterbrand wird aus den Traubenrückständen bei der Weinbereitung gewonnen. Unter den vielen Grappe-Sorten im Handel gibt es wirkliche Spitzenprodukte, die in ihrem Aroma noch den Ausgangswein zum Ausdruck bringen (Vorsicht bei billigen Grappe, sie schmecken meist nach Spiritus). Die besten kommen aus dem Trentin, dem Piemont und der Toskana.

Deutsches Rezeptverzeichnis

Italienisches Rezeptverzeichnis